信州うわさの調査隊 II

SBCラジオ

はじめに

　ＳＢＣラジオで平日午後に放送している「情報わんさかＧＯ！ＧＯ！ワイドらじカン」（午後２時５分～６時15分）は、平成29年2月17日に放送1000回を迎えました。平成25年の春にスタートして、はや４年。番組開始当初からの看板コーナーが「信州うわさの調査隊」です。平成28年1月には、放送内容をまとめた本が出版され、好評を得ました。今回は、放送1000回を記念して、第２弾の発売となりました。

　ラジオでは、個性豊かな５人の調査隊員が北信・東信・中信・南信のうわさを調査して、毎週スタジオで真相を報告しています。今回も厳選した100のうわさを掲載しました。どれもつい人に話したくなるネタばかりです！調査隊員に新人２人が加わり、グッとパワーアップ、さらに平成28年10月からスタートしたＳＢＣテレビ「ずくだせテレビ」（平日午後１時55分～３時53分）でも、ラジオとテレビの連携を番組コンセプトの１つにしていて、同名のコーナーを展開しています。

　本を読んで、もっとおもしろい情報を知りたいと思った方は、ぜひ平日午後４時にＳＢＣラジオをつけてみてください。スマホやパソコンでも、ラジオを聴くことができます。さらに１週間以内なら、過去の番組を聴くこともできます。いますぐ「ラジコ」と検索してみてください！

ＳＢＣラジオ

目次

	はじめに	1
No.001	乗鞍高原で話題のおいしい飲み物とは？	8
No.002	岡谷市はどうして、うなぎの町なの？	10
No.003	住民が守り続けている松川町のお墓とは？	12
No.004	須坂市には夏休みが、とっても忙しい工場がある？	14
No.005	味噌を中国から伝えたのは松本出身の人だった？	16
No.006	高倉健さんと坂城町には真剣な関係があるらしい？	18
No.007	上田市丸子町発祥の「ふわっと」したスポーツとは？	20
No.008	岡谷には太陽が2つ見えるお寺があるらしい？	22
No.009	諏訪湖には武田信玄ゆかりの水中墓がある?!	24
No.010	三才駅はなんで三才駅という駅名なの？	26
No.011	知る人ぞ知る幻の果物「ポポー」ってどんな味？	28
No.012	全国でも飯田にしかない「裏界線」ってなに？	30
No.013	松本城にも忍者がいた、ってホント？	32
No.014	松本には閻魔様がいるらしい？	34
No.015	佐久市にはJRではない鉄道が走っている？	36
No.016	生坂村には、ありがたい乳房があるらしい！	38
No.017	マツタケが人工栽培できる!!ようになるかも？	40
No.018	小布施町で40年、夜な夜な続くアレとは？	42
No.019	伊那市に立読みOKの本屋がある！って本当？	44
No.020	松本城は、美しい女神様に守られてきたらしい。	46
No.021	あの漫画の神様のルーツは上田市だった！	48

目次

No.022	信州でもっとも古いリンゴの木は千曲市にあった！	50
No.023	安曇野には手前醤油造り師がいる!?	52
No.024	上田市には子育てママさんに優しいマップがある！	54
No.025	傾いた天守閣！松本城にはさまざまな伝説が！	56
No.026	山ノ内町のスノーモンキーボスザルはアレで決まる!?	58
No.027	日本で一番高いバームクーヘンがあるらしい！	60
No.028	飯山市には雪を使った贈り物があるといううわさ？	62
No.029	長野県民はカルタがとっても好きらしい!?	64
No.030	南信州ではさるかに合戦みたいな行事がある？	66
No.031	佐久穂町には数奇な運命をたどったピアノがある!?	68
No.032	佐久市の団体が作った暦で自給自足できる？	70
No.033	野沢菜といえば、じつは南信らしい!?	72
No.034	茅野市には中高生のパラダイスがあるらしい！	74
No.035	寒くならないとできない職人の技が中野市にあった！	76
No.036	JR佐久平駅には真っ赤なあるモノが建っている？	78
No.037	隠れたご当地丼発見！「飯田のカツ丼」ってなに？	80
No.038	木曽福島の商店街はアレがアートになっている？	82
No.039	箕輪町の別名から生まれたご当地丼があるらしい?!	84
No.040	長野地方気象台だけで観測しているモノがある?!	86
No.041	安曇野には全国でもめずらしい緑色のモノがある！	88
No.042	辰野町には「小鳥の喫茶店」がある？	90
No.043	諏訪地方では家に何枚も法被がある？	92

目次

No. 044	えっ！飯田の御柱は登っちゃうの？	94
No. 045	諏訪大社下社の神様は年に2回引越しする？	96
No. 046	上田高校には「七不思議」がある？	98
No. 047	中野市のラーメンを引き立てる意外なものとは？	100
No. 048	松本市はかり資料館裏庭の建物には秘密があった！	102
No. 049	茅野市には6年に2日しか入れないお風呂がある!?	104
No. 050	飯田市にある赤いものは日本に3つしかない？	106
No. 051	日本最古の天体望遠鏡が上田市立博物館にある？	108
No. 052	山ノ内町には変わったカレンダーがあるって本当？	110
No. 053	松本のデパート屋上で飼育しているものってなに？	112
No. 054	神社で酒盛り！「天下御免のどぶろく」とは？	114
No. 055	佐久市では神様が軽トラに乗ってやって来る?!	116
No. 056	中野市役所は毎週火曜日に華やかになる？	118
No. 057	進化する獅子舞！あれ？その頭は獅子じゃない！	120
No. 058	諏訪で誕生した吹矢が注目を集めているらしい。	122
No. 059	上田には外国じゃないのに時差のある地区が？	124
No. 060	上田市には上田城のほかに変わった櫓門がある？	126
No. 061	諏訪清陵高校でお昼休みに生徒がすることはなに？	128
No. 062	山ノ内町には年中足湯につかっている方がいる？	130
No. 063	伊那の名物ローメンは未完成ってどういうこと？	132
No. 064	長野県初の大臣が誕生した家が岡谷市にある？	134
No. 065	松本にどんどんおもしろくなっている看板がある？	136

目次

No. 066	駒ヶ根で、あの丼が棒になったらしい!?	138
No. 067	70年ぶりに復活したお煎餅が東御市にある？	140
No. 068	飯山市には3年に一度、松子があらわれる！	142
No. 069	昭和時代信州唯一の三役力士が喬木村にいた！	144
No. 070	上田で靴の山が数か所にできる事件が！	146
No. 071	マンガ読み放題の裏技的スポットが千曲市に?!	148
No. 072	焼肉の街、飯田で焼肉を120％楽しむ裏技は？	150
No. 073	飯田から日本の歴史が語れるってホント？	152
No. 074	川上村には作るのに体力がいるおまんじゅうがある？	154
No. 075	60年間続けてJRに表彰された、その功績とは？	156
No. 076	信濃町はどうしてトウモロコシの町になったの？	158
No. 077	長野市にはカッパ村があるらしい？	160
No. 078	小海町では太陽が奏でる音を聴けるといううわさ！	162
No. 079	野菜の並ばない八百屋さんが中野市にあるらしい？	164
No. 080	天竜川の中洲に、こんなものがあってもいいの？	166
No. 081	山ノ内町が発祥という自然に優しい楽器はなに?!	168
No. 082	ブーム到来の予感！思わず欲しくなるカードとは？	170
No. 083	毎日お世話になるあの場所の神様が佐久にいる？	172
No. 084	飯田の街を走るイタタクってなに？	174
No. 085	善光寺では1000年が10日になる夜がある？	176
No. 086	須坂市では年に2回、愛の形が見えるらしい？	178
No. 087	見たこともない字を使った上田名物があるらしい!?	180

目次

No.088	木島平村はサシバの村らしいといううわさ。	182
No.089	松本市奈川地区の「とうじそば」はなぜできた?	184
No.090	長野市松代町には美人の泉があるらしい?	186
No.091	泰阜中学校でおこなわれているめずらしい授業とは?	188
No.092	日本で初めて胡椒が食べられた場所は佐久?!	190
No.093	長野市に県内初の「こうし」が誕生したらしい?	192
No.094	フランスから称号を与えられた女性が松本市にいる!	194
No.095	長野県の中心はどこにある?	196
No.096	信州最高齢シンガーソングライターが長野市に?	198
No.097	旧中野小学校に33年ぶりに帰ってきたものとは?	200
No.098	松本市の創造学園高校のめずらしい部活とは?	202
No.099	根羽村役場の門松はちょっと変わっているらしい!?	204
No.100	うわさの調査隊がきっかけで白い人参が!?	206
	協力者	208
	調査隊員紹介	209

※本書の内容や肩書きは、一部を除き、ラジオ放送日現在のものとなっております。
※ラジオ放送された内容と一部変更、修正したものもあります。

SBCラジオ

乗鞍高原で話題のおいしい飲み物とは?

高原のおいしい飲み物といえば、なにを想像しますか?標高約1300mの乗鞍高原に、うんメ〜飲み物があるらしいのです。

報告書 No. 001

2015年7月30日放送

　ビール?牛乳?それが違うんです。じつはヤギさんです。乗鞍高原では今、「ヤギの乳って、じつはこ〜んなにおいしかったんだっ!」と、ささやかれています。

　ヤギさんの乳はちょっと…、臭いしクセがあるしって思っている方、いらっしゃいますよね?でも乗鞍のヤギの乳は違うんです。嫌な臭いはゼロ。スッキリしていて、さわやかなんです。乗鞍観光協会宣伝部コーディネーター、ばんどこファーム実行委員会事務局の中原由紀子さんにその理由を聞きました。「ここはスキー場跡地で自然の草がたくさんあります。ここのヤギさんたちはその草しか食べていません。ヤギの乳はとてもデリケートで、そのヤギが食べたものが味に影響します。だからここのヤギさんの乳

は、この高原の景色のようなさわやかな味がするんです」とのこと。スキー場跡地の景観をよくしようとヤギを飼い始めたことがきっかけで、ヤギが草をはむのどかな風景を見なが

ら乳を飲んでもらおうと、実行委員会の皆さんが手作りのカフェ「ばんどこファーム」をオープンしました。

　もう1つおいしい理由があります。「ヤギの乳は搾(しぼ)ってから1時間半以内に低温で長時間加熱処理をすることによって、安定して雑菌もなくなって、おいしくなるんです」。この努力が、おいしさの秘訣だったんですね。

　中原さんたちのがんばりはそれだけではありません。クッキー、パウンドケーキ、マドレーヌを全部ヤギの乳だけで作りました。もちろん手作りで、とってもおいしいんです。「じつは私たち実行委員会のメンバーは、ペンションや喫茶店のおかみ。毎日お客さんにお料理を作ってお出ししているプロなんです。だからこれも、みんな、プロの味」。だからおいしいんですね、納得！

　緑一面の草原に真っ白いヤギさんが5頭。まるで「ハイジ」の世界に入り込んだかのような、メルヘンな景色。メ～～～って気持ちよく鳴く声を聴きながら、おいしいスイーツと、ビックリするぐらいおいしいヤギミルクを召し上がれ。

〈調査隊員：塚原正子〉

岡谷市はどうして、うなぎの町なの?

うなぎといえば岡谷。お店の数も多いし、おいしいって評判です。なぜ岡谷がうなぎの町になったのか?そこにはこんな歴史がありました。

報告書 No. 002

2015年8月5日放送

　土用の丑の日といえば「うなぎ」。長野県でうなぎといえば岡谷市ですが、なぜ岡谷市が「うなぎのまち」なのか調査しました。

　老舗のうなぎ屋・御うな小松屋の代表取締役小松一史さんにその理由をお聞きしました。「歴史をさかのぼると、江戸時代に参勤交代でこの地を通るお殿様にうなぎを出していたという文献が残っています。浜松で生まれたうなぎの稚魚が、天竜川をのぼり、諏訪湖で育っていた。諏訪湖でうなぎが獲れたんです。だから、古くから岡谷にはうなぎを食べる文化があったんです」とのこと。岡谷の人びとにとってうなぎはとても身近な食べ物、庶民の味だったんです。「岡谷のうなぎの特徴は3つあります。1つ目は関東風で背開き。2つ目

は蒸さない。3つ目は炭火で焼く。これが表面パリッ、中がふんわりのポイントなんです」。

平成7年には、うなぎのまち岡谷の会が発足しました。「うなぎは夏ではなくて秋から春にかけての寒い時期のほうが、脂がのってきておいしいんです。身はもちろん、肝にも脂がついて、味が格段によくなります。ぜひ寒の土用の丑の日にうなぎを食べていただくよう、うなぎのまち岡谷の会ではPR活動をしています」と語るのは会長のうなぎの館天龍の代表取締役、今野利明さん。釜口水門近くの湖畔公園には、「寒の土用丑の日発祥の地」記念碑も立てられています。

また、うなぎのまち岡谷の会では、小学校や保育園の給食にうなぎを提供しています。岡谷の子どもたちは保育園のときから、給食でおいしいうなぎを食べているんですよ！「子どものころからおいしいうなぎを食べてもらうことで、岡谷の食文化の歴史と伝統を、次の世代につないでいきたいという取り組みで、原価でやっています」。すばらしい心意気ですよね。小松さんも今野さんも、うなぎの町岡谷のオリジナルTシャツを着ています。岡谷のうなぎ屋さんは、このTシャツを着て炭火の前で汗だくになって、おいしいうなぎを焼いています。　〈調査隊員：塚原正子〉

信州うわさの調査隊 II

住民が守り続けている松川町のお墓とは?

戦後70年、下伊那郡松川町のはずれにあるお墓にまつわる、ちょっと心が温かくなる戦争の話題を調査してきました。

報告書 No. 003

2015年8月13日放送

　住民に守られ続けているお墓、まずはそのお墓を訪ねてみました。案内をしてくれたのは、元松川町資料館の酒井幸則さんです。松川町生田の塩倉、県道からちょっと入った場所にそのお墓はありました。これはいったい、どなたのお墓なのでしょうか。

　昭和19年8月8日の正午ごろ、生田村塩倉(現在の松川町生田)の役場近くに、一機の小型戦闘機が墜落したそうです。そのときの様子を、当時国民学校初等科6年だった塩倉充さんが話してく

れました。「突然ギギ〜！というすごい音がして、山の中に戦闘機が落ちていった」とのこと。

　軍は、その墜落事故を受けていち早く現地から機体を回収していきましたが、兵隊さんの遺体はその場に置き去りにされました。その遺体を塩倉の人たちは一晩かけて荼毘（だび）にふして、お墓に埋葬し、婦人会の人たちが守り続けたんだそうです。お彼岸やお盆には掃除をし、花と線香を供えました。酒井さんによると、この塩倉という地域は下伊那の中でも戦争から生きて帰ってきた人の数がダントツに少なかったとのこと。もしかしたら、そうした悲しみをみんなで分け合い、いろんな思いがあってこのお墓の供養を続けたのかもしれません。

　その見ず知らずの兵隊さんの名は、長崎県出身の澤田熊雄さん（享年22歳）。37回忌に、遺族がお墓を訪れた際、「相当荒れ果てているんだろう」と思って訪れたところ、お墓までの道やそのまわりもきれいに草が刈られているのを見て、深く感動したそうです。

　でも、なぜそんなに長い間、見ず知らずの、ゆかりもない兵隊さんの供養を続けられたんでしょうか。塩倉さんにうかがうと、「お国のために命を落として憎むべきは戦争です。戦争がなければこんなことはなかった。当たり前のことをしただけです」。その言葉に、塩倉の人びとの思いやりの深さを感じずにはいられませんでした。お墓のある場所には、今も墜落した戦闘機の破片が落ちていました。人びとの温もりを強く感じた調査でした。

〈調査隊員：西村容子〉

須坂市には夏休みが、とっても忙しい工場がある?

それは全国でも数少ない技術を使って、学校にかならずあるものを修理する会社です。夏休み中で大忙しの会社を訪ねました。

報告書 No. 004

2015年8月18日放送

　その工場が夏休み中に修理する学校にかならずあるもの、それは「黒板」です。全国的にも数少ない研ぎ出し黒板を作る技術を活かして、黒板面の塗り替え修理をおこなう会社、須坂市の長野特殊黒板製作所を訪ねました。

　武内稔社長にお話をうかがいました。「昔は、塗り替え研ぎ出しの黒板が主流でした。しかし、スチール黒板が登場し、総取り替えが手軽にできるようになって職人さんがぐんっと減ってしまいました」とのこと。でも長野県には武内さんをはじめとする職人さんがいて、こうした工場があることから総取り替えよりも安く、書きやすく使いやすい黒板に修理ができるのです。長野県内の小中学校の黒板は、修理する場合はほとんどがこの工場に集まってくるそうです。どのような

状態になったら黒板を修理するのかといえば、「書き味が悪くなって、チョークの線が波打ったようになってきたら替えどき」とのことです。

黒板の研ぎ出し技術についても聞いてみました。「黒板の大きな傷やゆがみを修復したのちに、特殊な素材の緑色の黒板材料を塗ります。これだけではまだざらざら感が残り、書き味は復活しません。そこでサンドペーパーを使って、全体を水で濡らし全身を使ってこすって研ぎ出していきます。とにかく力仕事で、塗っただけだとまだボコボコ。そこをサンドペーパーでこする。水で流す。またこする。水で流す。これを繰り返します」とのこと。まさに感覚だけがたよりの職人技です。「便利な世の中に昔ながらの経験と技術で仕事を続けていくことは本当にたいへん。残していきたくても必要とされなくなったらダメになってしまう」とも話してくれました。武内さんは2代目ですが、3代目もすでに一緒に仕事をしていてくれるそうです。「自分のあとを引き継いでくれる楽しみと、これからのたいへんさを考えるとなんとも言えない。でも、できるだけの技術は大切に教えていきたい」とのことです。

ちなみに新しくなった黒板でもっともやってはいけないことは、雑巾での水ぶきだそうです。〈調査隊員：竹井純子〉

味噌を中国から伝えたのは松本出身の人だった?

にわかには信じられない話ですが…、そこには松本市内のお寺が関係しているようです。はたして、その真相は?

報告書 No.005

2015年9月4日放送

　このうわさ、どうやら松本青年会議所が広めているらしいんです。ワーナックス株式会社の大野善裕さんによると「松本青年会議所で松本味噌バルというイベントを開催するにあたり、松本と味噌の歴史を調べたら中国から味噌を日本に伝えた人は、松本出身らしいということがわかったんです。神林にあるお寺が生誕の場所です」。

　本当なんですね！それは松本市神林にある福應寺。ご住職の中川弘道さんにお話をうかがいました。「法燈円明国師・覚心というとても偉いお坊さんが、鎌倉時代にこの地に生まれました。この観音堂にまつってある観音様は、その方とお母様に深い縁があるんですよ」。

　なぜそのお坊さんが、中国から日本に味噌を伝えること

になったんでしょう?「松本に生まれた覚心は15歳で出家して戸隠の神宮寺で学んだあと、もっと学びたいと信州を出ます。東大寺、そして高野山へ。高野山で願性（がんしょう）というお坊さんと出会い、源実朝の骨を中国へおさめたいという願性の願いをかなえるために、中国へ渡ったんです。立ち寄った金山寺で、『金山寺味噌』と出会います」。『こんなおいしいものがあったのか！しかも原材料は豆。貧しい暮らしをしている信州の人びとも、これを作れば食が豊かになるだろう。ぜひ日本に持ち帰りたい』と、そこで作り方を学んできたんですって。日本へ帰った覚心さんは和歌山県の由良という地に興国寺を開き、その隣町の湯浅で金山寺味噌と醤油を作り始めたそうです。

「覚心さんは、豊かな心を育むためには食が大切だと気づいたのかもしれないですね。そして、ふるさと信州のことは、けっして忘れることはなかったようです。信州の誇りですね」と中川住職。法燈円明国師・覚心の生誕800年を記念して建てた観音堂の中には、覚心の一生や味噌作りについて紹介したパネルがあります。また、地域の子どもたちにも知ってほしいと紙芝居を作って紹介しているそうです。信州の味噌をもう一度見直したい気持ちになりました。

〈調査隊員：塚原正子〉

高倉健さんと坂城町には真剣な関係があるらしい？

国民的大スター、高倉健さんと坂城町には切っても切れない関係があるらしいというので、調査してきました。

報告書 No. 006

2015年9月7日

　俳優、高倉健さん。任侠(にんきょう)映画から文芸作品、コミカルな役まで幅広く活躍しました。ストイックな性格で、役作りのため日常生活を厳しく律し、映画の道具にもこだわり、常に本物を求めていました。そのためか、日本刀の蒐集(しゅうしゅう)にも熱心だったそうです。その後、健さんが亡くなり、残された刀剣類の保管先などを探していた遺族が相談したのが、健さんと生前親交がとても深かった坂城町の刀工、宮入小左衛門行平さん。所蔵していた刀剣類数振りが、坂城

町に寄贈されることになりました。宮入さんは人間国宝の刀匠、故宮入行平氏のご子息で、坂城町で鍛刀道場（刀剣を製造する道場）を開いています。その宮入小左衛門行平刀工に高倉健さんとの思い出をお聞きしました。

「30数年前、若き日の高倉さんは、私の父の刀匠の技にほれ込んで、父の刀をぜひ手に入れたい、父に会いたいと思っていました。父の個展で会える機会を逃してしまい、それをずっと悔やんでいたそうです。月日が過ぎ、高倉さんと仕事している私の友人が『ボクの友人で長野で刀を作っているやつがいる』と高倉さんに言ったら『その人、宮入っていわない？』とすぐピンときたそうです。すぐに電話がかかってきて『俳優の高倉健です。しみじみ縁を感じます』とおっしゃいました。それ以来、家族ぐるみのつきあいでした」。

宮入刀工も健さんも、絶対はずせないのは「縁」だと常々思っているそうです。健さんからのお手紙もいくつか見せていただきました。宮入刀工が「無鑑査」（実績による栄誉ある資格）を授与されたときにもらった手紙の言葉「行く道は精進にして、忍びて終わり悔い無し」が今でも座右の銘だそうです。

「高倉さんは自分に厳しい生き方を貫いた。その人間形成に日本刀というのはとても大きな位置を占めていたと思います。その人間形成に寄与したものがなんだったのかを、いつでも見て感じられる、そういう場所に坂城がなる、それがまさしく高倉健からの贈りものだと思います」と宮入刀工はおっしゃっていました。高倉健さんと坂城町の「真剣」な関係は永遠に続いていきます。〈調査隊員：根本　豊〉

上田市丸子町発祥の「ふわっと」したスポーツとは?

その名も「ふわっとテニス」。いったいどんなテニスなんでしょうか？さっそく、試合会場に調査に行ってきました。

報告書 No. 007

2015年9月14日

　テニスというとスピードとか迫力がイメージされますよね。そこに「ふわっと」をもちこんだといううわさを聞き、「ふわっとテニス」の試合の現場に行ってみました。東御市・東御中央公園第1体育館です。

　まずはふわっとテニスとはなんぞや？上小ふわっとテニス協会会長の柳沢武彦さんにうかがいました。「上田小県地域の体育指導委員会により開発された中高年用のスポーツで発祥は丸子町です。バドミントンコートの中央に1mのネットを張り、専用ゴムボールをジュニア用テニスラケットを使ってダブルスで打ち合います。サーブは自分のコートでかならず1回バウンドさせ、なおかつネット上で2mを超えるのがルールです。レシーブもかならず1回バウンドしてから

打ち返します」。このときのボールの軌道が「ふわっと」してるから「ふわっとテニス」と命名されたようです。

考案者の1人、上小スポーツ推進委員協議会会長の金子和夫さんにうかがいました。「それまでのスポーツ経験の差がでないスポーツで、信州という土地柄を考慮し冬でも体育館など屋内ででき、また体育館床面にある既存のラインを使ってできるスポーツを考案しよう」ということが発想のきっかけだったそうです。

競技のおもしろさを柳沢会長にうかがいました。「直径15cmくらいの特注ゴムボールは重くならないよう極限まで薄くするため、肉厚が均一でない。そのためラグビーボールのように玉の弾みが一定でなく、また空中でもフラフラ飛んで軌道が読めないところがおもしろさかな。見た目よりはるかに難しく、奥が深いですよ」とのことです。

この日は東御市の試合に遠くから参加された方も大勢いました。朝日村から2チーム、宮田村からは4チームの参加です。「上小地域発信のスポーツということでそれ以外の地域ではまだまだチーム数が少ないのが悩みです。今日ははるばる遠征してきました。手軽に楽しめて適度な競技性もあるのが魅力」とは参加者の声です。

このジワーッとなごむ「ふわっとテニス」の魅力にあなたもはまってみませんか？　　　　　　〈調査隊員：根本　豊〉

岡谷には太陽が２つ見えるお寺があるらしい？

２つ見えるといっても、けっして酔っ払っているわけではないんです。春と秋に幻想的な光景が見えるお寺を調査してきました。

報告書 No. 008

2015年9月16日

　太陽が２つ昇ってくるのが見えるという、そのお寺は岡谷市の龍光山観音院（通称・小坂の観音院）。さっそく、調査に行ってまいりました。

　ご住職の中島宥明(ゆうみょう)さんにお聞きしました。「そうです。ここが太陽が２つ見えるお寺です。本堂の正面に八ヶ岳が見えます。ちょうどお彼岸の時期になると、太陽がこの八ヶ岳から昇るんですが、その太陽の光が手前にある諏訪湖の湖面に映るので、２つの太陽が見られるんです」。

　まず本堂の正面に正門（東門）があります。正門の前と後ろに、スギの大木が２本ずつあります。写真は、本堂を背にして正門を見た時のもの。この門は真東を向いていて、門の屋根の下は諏訪湖の湖面が見えます。

[22]

ちょうど春と秋のお彼岸の時期になると、この門の屋根の上に、八ヶ岳から昇る太陽が見え、そして屋根の下には湖面に反射した太陽が見られるんです。

ね？２つの太陽！「９月23日は、ご本尊を御開帳します。ご本尊は本堂の一番奥にまつられているんですが、不思議なことに、太陽が昇ってくるとご本尊にもその光が当たるんですよ。諏訪湖が波立っていると、ご本尊様がゆらゆらと揺れた光に包まれとても幻想的です。ここは、1200年ぐらいの歴史があるんですが、1200年前におそらく計算されてつくられたのではないかと思われます」。

観音院はパワースポットとして紹介されることも多いんだそうです。確かにお寺の入り口の大門をくぐった瞬間から、なんかとっても気持ちがいいんです。緑に囲まれていて、参道は土の道。樹齢700年のサワラの並木。小鳥たちのさえずりを聞きながらここを歩くと、ほんとにエネルギーもらえる感じがします。気持ちがスッキリしますよ。

２つの太陽を見てみたい！という人は、早起きしなくちゃですよ。春と秋のお彼岸の時期、春分の日、秋分の日の前後３日ぐらいはバッチリ見られるそうです。時間はだいたい６時20分～７時ぐらいの間とのことです。 ぜひ、行ってみてください！

〈調査隊員：塚原正子〉

諏訪湖には武田信玄ゆかりの水中墓がある?!

湖の底に見つかったのは、武田信玄の水中墓なのか？諏訪湖に古くから伝わる伝説を調査してきました。

報告書 No. 009

2015年9月23日放送

諏訪湖の石棺について、岡谷市小坂の観音院ご住職の中島宥明さんが、武田信玄にまつわる話をしてくださいました。「『甲陽軍鑑』という書物に、武田信玄の遺言として、自分の亡骸は甲冑を付けて石棺におさめ、諏訪湖の一番深いところに沈めるように、という言葉を残したと書かれているんです。一番深いところは観音院の前あたりなので、このへんではないかという言い伝えが昔からあります」。

なんと！石棺らしきものも湖の底から見つかっ

たそうです。「国土地理院で諏訪湖を測定したとき、不思議な形が湖底から浮かび上がったそうです。あらためてテレビ局と信州大学が調査したところ、縦横25ｍの巨大な菱形(ひしがた)が見つかりました。武田家の家紋、武田菱に非常によく似た形で、その中には棺のようなものがあるのがわかりました」。さらに中島ご住職は「この石棺、本当に武田信玄のものかどうかわかりません。明確な資料もない。私は違うと思うんです」とのこと。それではいったい誰のもの？

　「諏訪にはとても美しいお姫様、諏訪御料人(ごりょうにん)がいました。武田信玄がもっとも深く愛した女性として多くの物語に登場するお姫様です。武田信玄は最愛の姫に会うために、諏訪湖に足しげく通ったのかもしれません。当時の武田は勢力を持っていましたから、信玄の正室三条夫人の墓は立派なものを建てています。なのに一番愛したとされる諏訪のお姫様のお墓はありません。もしかしたら、諏訪のお姫様の石棺を諏訪湖に葬って、湖全体をお墓にしたかったのでは？」。

　だけど戦国時代に、そんな技術があったのでしょうか？「武田軍は土木工事の高い技術を持っていたので、石棺を埋めるぐらいできたのでは。最愛の姫が亡くなったとき、湖の底深くに葬ることを考え、きらびやかな衣装のまま石棺に寝かせ、そのまわりを財宝で飾り蜜蝋(みつろう)で密閉したかもしれません。今も美しいままのお姿で眠っているのかも」。

　観音院から諏訪湖を眺めると、石棺が見つかった場所が見られます。いろんな説がありますが、それを暴くよりロマンがたくさん残されているほうがいいのかもしれません。

〈調査隊員：塚原正子〉

三才駅はなんで三才駅という駅名なの？

長野市には三才駅(さんさい)という駅があります。「さんさい」にちなみ、七五三には子どもたちでにぎわうといううわさを聞き、行ってきました。

報告書 No.010

2015年10月5日放送

　リスナーさんからこんなメッセージをいただきました。「私が調査して欲しいのは、長野市三才駅の名前の由来です。学生のころから、駅を通るたびに『変わった駅名だなぁ』と思っていました」。このリクエスト、しっかり調査してきました。まずは「しなの鉄道株式会社」経営戦略部経営企画課の山本将丸さんに駅名の決め方について聞きました。「しなの鉄道の場合は、基本的にはその駅のある地名と地元の方の要望、公募などを参考にし、最終的にはしなの鉄道内の会議で決まります」とのこと。

　では三才駅の場合は？「駅のある場所の長野市三才という地名から決まったようです。ちなみにこの『三才』という地名は、昔このあたりが馬の生産がさかんで三才馬の三

才からこの地名になったようです」。わかりやすい、というか予想通りの答えでしたね。

で、この地区には町おこしというか、駅を応援するための「ウェルカム三才児プロジェクト」という団体があります。どんな活動なのか、プロジェクト副会長の大塚敬一郎さんにお聞きしました。「七・五・三などの記念で、三才児を持つ大勢の親御さんが全国からこの駅に来て、駅名看板などをバックに記念写真を撮っています。そのときに私たちがボランティアで写真を撮ってあげたり、台紙に写真を貼り付けてプレゼントしている」そうです。もともと名古屋のデパートの創立3周年記念イベント広告が始まりだそうですが、この話が全国に広まり、その季節には1日数百人の人が訪れててんてこ舞いだそうです。

で、ほかにもしなの鉄道でユニークな駅名がないか山本さんに聞きました。「しなの鉄道では、『テクノさかき駅』がカタカナとひらがなの混ざった駅名です。この駅名は、この駅のある地区に、先進工業団地があることから、地元の要望もあり決定した」そうです。このテクノさかき駅は平成11年4月1日、しなの鉄道として開業後、初の新駅として開業しました。〈調査隊員：根本 豊〉

知る人ぞ知る幻の果物「ポポー」ってどんな味？

近ごろ話題の果物、ポポー。じつは日本に入ってきたのは最近じゃないんです。じゃあなんで幻なんでしょうか？

報告書 No.011

2015年10月7日放送

　ポポー。いったいどういう果物なのでしょう。朝日村の須藤護さんの畑で収穫の最盛期を迎えているということで、訪ねてみました。

　ポポーの原産は北アメリカ、ミシガン湖の周辺。アメリカ先住民族の大事な食べ物だったそうです。その味はというと…。マンゴーとバナナとアボカドを混ぜたような、とろ〜り甘くて濃厚な味。栄養も満点で、タンパク質、ビタミンA、Cが豊富で、カリウム、マグネシウム、鉄分などのミネラル分も含まれています。

　ポポーの木は、自力でしっかりと土から栄養を吸いあげ実をつけるから、肥料がいりません。おまけに自分で虫除けの成分を出すので農薬もいりません。なんかパワフルで

すよね。

ポポーが日本に入ってきたのは明治時代中期で、当時は庭木として植えられることが多かったそうです。なので家の庭にあるという方や、おじいちゃんの家で食べたという方もけっこういらっしゃるようです。

じゃあ、なんで幻なんでしょう？須藤さんに聞きました。「ポポーは実がなるのに、とんでもなく時間がかかるんですよ。苗木だと5年、種からだと8年ぐらい待たないと実がなりません。おまけに3年ぐらいは、お箸みたいな感じで木に育つ気配がまったくしないんです。だからふつうはあきらめちゃいますよね」。

もう1つ、理由があります。「採った実が、すぐに傷んでしまうんです。かつては流通が発達していなかったので、お店に届くのに時間がかかりました。その間に食べごろが過ぎてしまうんですね。だから、スーパーに並ぶことがなく、ポポーを知らない人が多いのでしょう」。

須藤さんの畑には今、12～13本のポポーが実をつけています。数年後には50本ぐらいになるそうです。「宮崎のマンゴーみたいになって、有名店に並ぶようになったらいいな、なんて思っています」。

古くて新しい果物、ポポー。まだ知らない方は、ぜひ一度食べてみてください。

〈調査隊員：塚原正子〉

全国でも飯田にしかない「裏界線」ってなに?

この字、読めますか?裏の世界の線と書いて、「りかいせん」といいます。ちょっとあやしげな感じがしますが、いったいなんなのでしょうか?

報告書 No.012

2015年10月9日放送

　まずは、その場所はどんなところなのか、市民の皆さんにうかがってみると「私たちにとっては『おじゃまする』って感じですね」「自分にとっては、秘密めいた道、タブーな道って感じ」と、なんだかあやしい雰囲気。

　さっそく、多くの裏界線が通る、橋南地区の奥村州平さんにその裏界線を案内してもらいました。裏界線には、いくつかの特徴があるようです。まずは、ビルでも民家でも、その道に面して出入口があるんです。でも「いつもは使わんのだに」と奥村さん。じゃあなんのため?しかも、幅はたったの2mという細さ。道の真ん中に境界線があるから、1mずつは両側の家の敷地。ということは、この道は公道ではなくその家の方の土地なんです。飯田の市街にはこう

した裏界線が40〜50本はあるのでは、ということです。

じつはこの道、「飯田の大火」と切っても切れない関係にあります。昭和22年、何千戸という家が焼失する大火事が飯田で起きました。家が密集する飯田の城下町は、次から次へと火が燃え移り、あっという間に飯田の街のほとんどが焼失してしまいました。その復興の際、飯田市は、今までのような街並みでは、また火災が起きたときに避難や消火活動ができないと考え、住民と協力して、延焼を防ぐための道路として家と家との境に道が造られました。それが、裏界線です。たいへんな思いをしたから、みんなで1mずつ出し合って、二度と大火が起こらない街にしようという、強い意志のもとに造られた道なんですね。

奥村さんにとっての裏界線とは？「ボクにとっては…災害が残した飯田の文化だと思っています。ここを通るときって、よそ行きじゃないんですよね。自分の家を通る感じ。でも半分自分の家で、半分外」。本当に不思議な道ですよね。

全国各地で災害復旧に取り組んでいますが、復興に行政ばかりでなく住民も真剣に取り組むことで文化を生み出すこともできる。裏界線は、災害が生み出した文化の道でした。

〈調査隊員：西村容子〉

松本城にも忍者がいた、ってホント？

外国人観光客に好まれるお土産として制作されたステッカー、忍者がかっこいいですよね。あれ？でも松本城には忍者っていたんでしょうか？

報告書 No. 013

2015年10月15日放送

「いたんですよ。ちゃんと松本城管理事務所に確認しましたから、間違いないです！」と、ステッカーを制作したまつもと城町市民コンシェルジュ会長の大森女礼さん。ということで、松本城の忍者について研究されている郷土史家の青木教司さんに、さっそくお話をお聞きしました。

江戸中期の享保年間に戸田のお殿様が松本へ来たときに連れてきて、戸田家に仕えた芥川という武家が忍者だそうです。忍者って武士だったんですね。どんな日常を送って

いたのでしょう？「武士なので、まずは武術・兵学を極めなければなりません。その次は修行の旅に出ます。北は北海道から南は九州長崎まで、その藩の政治・経済、民俗・文化、地理、すべてを詳しく調べます。大事なのはそれを全部頭の中に入れておく。そんな忍者の修行の極意を書いた文献も出てきています」。

　では、代々松本の忍者であった芥川家は実際にどんな仕事をしたんでしょう？「桜田門外の変が起きたとき、松本藩は芥川さんを水戸へ、そして芥川さんの弟子を彦根へ潜入させています。新政府になって北越戦争で会津が戦いを始めるときも、まず芥川さんを送り込み、どこに陣を据えたらいいか、地形はどうかを調べて、それにもとづいて松本藩は兵を出しているんですよ」。その情報に多くの命がかかっている重要な仕事だったんですね。

　「芥川家には秘伝書があって、隣国に友だちをいっぱいつくれ。盆暮れにはちゃんと贈り物をして、いい関係を続けていけ。そういう人たちから情報を得なさい。それが一番大事なことだ、って書いてあるんですよ」。なんか現代社会に通じるものがありますね。

　でも、なんかイメージした忍者とはちょっと違いますが、ご安心ください！秘伝書には煙幕の法なんていう忍者らしいこともちゃんと書かれているそうです。忍者芥川家は明治維新を迎えて埼玉へ、その後は山梨へ移ったそうです。お墓は松本市に残っていて城山の入り口、正麟寺の墓地にあるそうです。

〈調査隊員：塚原正子〉

松本には閻魔様がいるらしい?

怖いイメージのある閻魔様。じつは松本の城下町ができたころから、ずっと町の人びとの暮らしを守ってきたのです。

報告書 No.014

2015年10月22日放送

　松本の大手5丁目、旧町名餌差町の通りの東側の入り口に、新しい立派な建物「十王堂」があります。十王堂の入り口に向かって右側の窓をのぞくと…、閻魔様がにらみをきかせています！大きさはほぼ人間と同じぐらいで、大きく見開いた目がキラリと光っているように見えます。

　このあたりはほかになにもなく、墓地の一角にぽつんとこのお堂があって、ちょっと不思議な風景。どうしてここに閻魔様がいるのでしょう？松本市立博物館館長の窪田雅之さんに聞きました。「1590年代、石川数正と息子の康長が松本城の天守を造って城下町を整備しました。そのときに、城下町の東西南北の入り口、北は安原町、南は博労町、西は伊勢町、そして東は餌差町の入り口に、それぞれ

十王堂を置きました。十王堂は十人の王。その親分が閻魔大王です。この十王に城下町を守る役割をさせました。閻魔様以下十王は、松本の城下町ができたときからずっと町と人びとの暮らしを守ってくれた、ということになるんですね」。現在も残されているのは餌差町だけだそうです。窪田さんによりますと、餌差町のこの閻魔様は江戸時代のものではないか、とのこと。餌差町の人びとが大事に守ってきたので、とてもいい状態で残されているということです。

そして最近、閻魔大王像が市の文化財の指定を受けたことをきっかけに、老朽化した十王堂は町の人びとの手によって新しく建て替えられました。町の皆さんの願いだったそうです。十王堂保存会代表の小林崇泰さんは「みんなとても喜んでいます。うれしいことですね。これからも大事に守っていきたいです。地域の宝ですから」と話していました。

城下町と人びとの生活を守ってくれている閻魔大王。そして、その閻魔大王を守っているのは、餌差町の皆さんなんですね。近くを通ったらぜひ、窓から閻魔様をのぞいてみてください。迫力ありますよ！

〈調査隊員：塚原正子〉

信州うわさの調査隊 II

佐久市にはJRではない鉄道が走っている？

佐久市には、JR東日本の北陸新幹線、JR小海線、しなの鉄道線が走っていますが、これだけじゃなかったんです！

報告書 No. 015

2015年10年26日

　佐久市にはJRとしなの鉄道以外に、もう1つ鉄道があるのです。佐久市中込を走る、その名も「夢の平鉄道」。「芽生え駅」を出発し「夢の平駅」を経て、「幸福駅」に至る鉄道なんです。

　お話をお聞きしたのはその芽生え駅長・機関区長・機関士の茂木晃さん。庭の外周全長50mをミニSLが走ります。そう、鉄道敷地は中込の茂木さん宅の庭なのです。先日の小海線全線開通80周年記念イベン

トではJR中込駅前広場で「ミニ小海線」として100m線路を延長して走らせたそうです。

自宅で鉄道を始めた理由をお聞きすると、「自分が自由に駅構内で遊べた子ども時代の楽しさを今の子どもに味わってもらいたい」と10年前からコツコツとミニSL「C21」を組み立て線路を敷設、平成26年11月に開通したそうです。

「夢の平鉄道」開通式には、小海線最後の蒸気機関車の機関士も当時の制服で駆けつけ、JR東日本から小海線中込駅長が当時の駅長制服で出発進行の合図をしました。自作の運転席とベニヤ板製の客車を連結し、毎月第二土曜日に地域住民に解放して、子どもたちの人気スポットになっているそうです。

そんな茂木さんは、現代社会の「4本の杉」を警告しています。①子どもは勉強のしすぎ②若者は遊びすぎ③中年は仕事のしすぎ④老人は暇すぎ。あわただしい心をおだやかにできるよう、夢や希望を追い続けられるように、この庭園鉄道を拠点とした「鉄道ランド・自然塾」を思い描いています。子どもたちには、そこが思い出の場所として心に残ってくれたらうれしいと茂木さん。

これからも夢の実現に向けて、夢中になれるものを求めて歩み続けるそうです。　　　　　　〈調査隊員：根本　豊〉

生坂村には、ありがたい乳房があるらしい！

乳房、ちぶさです。いったい、なにがありがたいのでしょうか？調査してきました。そして、おまけにビックリな事実も！

報告書 No.016

2015年10年26日

　生坂村にありがた〜い乳房があるというので、調査に行ってまいりました。まず、乳房橋を渡ります。しばらく行くと、右側には乳房観音堂。御堂の中には観音様がいらっしゃいました。観音堂の前には布で作った乳房が奉納されています。

　そして観音堂に向かって左側には大きなイチョウの木。この木の幹から垂れ下がっているのが、ありがた〜い乳房です。豊満な、というよりは、お年を重ねた乳房ってかんじでしょう

か？乳房イチョウといって、県の天然記念物に指定されています。樹齢800年、周囲が8.5m、高さ35mの巨木です。

　でも、なぜ、ありがたいんでしょうか？乳房イチョウ保存会会長の柴田伸二さんにうかがいました。「今から180年ぐらい前、江戸時代にこの観音堂が火事になって、そのときに観音様がこの木に乗り移ったと言われてます。だからこれは霊木なんです。この木の枝を折って、それを煎(せん)じて飲むと、母乳がよく出るようになると言われてます」。観音堂の前の布で作った乳房は、おっぱいが出たお礼に奉納されたものなんだそうです。

　テレビで紹介されたこともあって、今では観光客も増えてきているそうです。「11月に入ると、葉が黄色く色づきます。これほどの巨木ですから、紅葉すると圧巻です。大勢の皆さんに見に来ていただけたらうれしいです」と生坂村振興課産業係竹内真司さん。11月中旬に強い霜(しも)が降りると、黄色い葉っぱがいっせいに落ちて、地面に黄色い絨毯(じゅうたん)が敷き詰められるそうです。

　ところが…おまけのビックリがあるんです。イチョウの木って雄株と雌株、つまりオスの木とメスの木があるんです。ギンナンがなるのはメスの木なんです。でも、この乳房イチョウ、ギンナンがならないんです。なんとオスの木なの！乳房、こんなにいっぱいあるのにね。　　〈調査隊員：塚原正子〉

マツタケが人工栽培できる!!ようになるかも?

今年は豊作!といわれても、なかなか庶民には手が出ないマツタケ。そんなマツタケが人工栽培できるかも?と聞いて、調査にいってきました。

報告書 No.017

2015年10年26日

　マツタケの人工栽培に取り組んでいるのは、塩尻市片丘の長野県林業総合センター。ここで特産部長の増野和彦さんにお話をうかがいました。本当に人工栽培できるんでしょうか?「今すぐというわけにはいきませんが、20年後にできるといいな〜ということで動き出したところです」とのこと。どうして人工栽培が難しいかというと、シメジやエノキなどは倒木などにつけば自分の力で生きていける。でもマツタケは、赤松の根っこについて、根から栄養をもらわないと生きていけない菌根菌で増える、違う種類のきのこなんです。多くの人が取り組んできましたが、まだ成功していません。

　これは農林水産省の全国的なプロジェクトで、全国の主要大学や各研究施設などがそれぞれ研究をしています。長野県

では、長野県林業総合センターと信州大学が共同で研究しています。人工栽培のシステムを考案した信州大学農学部准教授の山田明義さんにうかがいました。

長野県で担当するのは2つ。山田先生率いる信州大学が中心におこなうのは、完全人工栽培の赤松の苗を作ること。そして、もう1つは林業総合センターのおこなっている、マツタケが採れる自然の赤松の根の菌根菌のシロの近くに小さな赤松の苗を植えて菌根菌を移し、その苗を移植してマツタケを栽培する「感染苗木作り」という研究です。山田先生の完全人工栽培で作った苗が林業総合センターにあるということで見せてもらいました。よ〜く見ると…白い菌根菌のシロがちゃんとできていました！「小さなマツタケ山」を見ているだけで、チョッピリ感動でした。

そして苗を赤松林に移植して2年が経過したのが今の最先端。菌根菌が生きているかは20年後にしかわかりません。気が遠くなりそうな研究ですが、これに長野県が取り組むのには、意味があると山田先生はおっしゃいます。それは長野県がダントツのマツタケの生産地であること。とくに伊那谷はその中心地。この地で成功することを、全国の研究者が期待しているんだそうです。

マツタケのあの香りと味わいが、人工栽培でどんな人でも楽しめるようになるといいですね。〈調査隊員：西村容子〉

小布施町で40年、夜な夜な続くアレとは?

夜な夜な響く、カン・カン、ポン・ポンというリズミカルな音。小布施町で40年も続いているというアレの正体を調べてきました。

報告書 No.018

2015年11月10日放送

　夜な夜なというと、いろいろと想像されると思います。しかもそれが40年。それはいったいなんだろう、ということで夜の小布施町へ行ってみました。

　時刻は夜8時をまわって9時近くの小布施町東町公会堂前です。公会堂は真っ暗ですが、お隣の東町遊技場には明かりがついています。中に入ってみると、カン・カン♪ポン・ポン♪という音が…これは卓球ですね!

　40年夜な夜な続いていたのは、なんと卓球でした。集まっているのは小布施東町卓球クラブの皆さん。地域の公民館の活動の始まりとともに結成され、40年の歴史をもっています。

　代表の84歳の丸山典次(のりつぐ)さんに、夜な夜な続く卓球クラ

ブについてお聞きし
ました。丸山さんが
最高齢で、現在メ
ンバーは9名。昭
和40年代後半にス
タートして、40年
以上続いている卓球
クラブなんです。

© 須坂新聞

　さまざまなスポーツの中、なぜ卓球なのか聞いてみました。丸山さんたちにとっては幼いころから慣れ親しんだスポーツで、あまり場所を選ばず気にせずできる。昭和50年代初めに東町の公民館横に遊戯場ができて卓球台を2台購入したところから、さらに本格的になってメンバーも増えたそうです。

　それにしてもなぜこんな夜に活動するのか、聞いてみました。残っているメンバーは女性が多く、家のことをすませてから来られる夜だから40年続けられたとのこと。また子育て・介護など家の事情などで5〜6年休んでもまた戻ってこられる、そんなところが40年続く秘訣なのかもしれません。

　8時過ぎからぽつぽつと集まったメンバーですが9時をまわるとテーブルの上には、お漬物にリンゴ、お菓子。そしてお茶。これが楽しみで、とおっしゃる皆さん。卓球よりもお話のほうが長いかも？これも40年続く秘訣かもしれません。この後、夜10時までお茶会は続きました。

〈調査隊員：竹井純子〉

伊那市に立読みOKの本屋がある！って本当？

立ち読みしてると、本屋のおじさんがハタキをもってパタパタしにくる…なんてイメージありますよね。でも、立ち読み大歓迎の本屋さんもあるのです。

報告書 No.019

2015年11月13日放送

　伊那市のある本屋さんでは、立ち読み「大歓迎」「OK」だと言うので、さっそく調査に出かけてきました。そんな懐（ふところ）の深さを見せてくれているのは、長野県民なら誰でも知っている、あの本屋さん、平安堂伊那店です。

　中はCAFEも併設された落ち着きのある空間。本当に立ち読みOKなんですか？店長の池田貴志さんにうかがうと「確かに、コミックは立読みいただいてもOKなようになっております」。それってワザと？そうなんです。「うちではワザとシュリンク(本にかかったビニールのこと)をはずして店頭に並べています」。ですから、手に取って中身を見ることができるんです。

　伊那店のコミック本のコーナーはとても広いんですが、

ざっと見てその8割方は、中身が見られる状態になっています。なぜあえてはずそうと思ったんでしょうか？「本がインターネットなどで手に入るように

なった今、実際手に取って中身を見ることで、メジャーな作品でなくとも、これおもしろそう！という気持ちになってもらえたら。あと、やっぱり中身を見て安心して買ってもらいたいという思いもあります」とのこと。コミック本売り場はとても広くて、本の数、種類もかなり多く、その中から自分のお気に入りを見つけるには、うれしい取り組みですよね。

　お客さんに立読みOKだと伝えると「ジャケ買いしてたけど、読めたらその先まで買いたくなるかも」など、喜びの声が続出！店長さんも「目的買いの人がほとんどでしたが、選ぶ楽しみを持って来店される方が増えました。また、一度に何冊も買っていく人も増えました」など、効果のほどを語ってくださいました。

　中身は読んでみたいけど、自分が買うのは新品がいいな～というわがままにも、同じ本が2冊以上あれば1冊はシュリンクをはずしてあり、もう1冊は包装されているという配慮がされていて、その心づかいにビックリしてしまいました。久しぶりに私もマンガ読んでみようかな。

〈調査隊員：西村容子〉

信州うわさの調査隊 II

松本城は、美しい女神様に守られてきたらしい。

松本城を守っている美しい月の女神様は、今も天守閣にまつられています。そのいわれを調べてきました。

報告書 No. 020

2015年11月18日放送

　松本城管理事務所研究室菅沼加那さんに、詳しいお話をうかがいました。「確かに、そういういわれがあります。とても美しい、月の女神様なんですよ」。

　それは、松本藩主戸田康長が松本城に入って迎えた初めての新年、元和4年（1618）。26日目の月の夜、川井八郎三郎という武士が本丸御殿で宿直をしていました。ちょうど月が出たころ、誰かが自分の名前をよんでいるのが聞こえ、振り向くとそこには緋色（真っ赤）のはかまをつけた、きれいなお姫様が立っていました。お姫様は、錦の袋を八郎三郎に渡しながら、「これから、二十六夜神様をまつり、3石3斗3升3合3勺のお餅をついて家臣に振る舞えば、お城は安泰でしょう。ただし。この袋の口は、決し

て開けてはなりません」と言うと、天守の上の方へ消えて行ってしまいました。八郎三郎はこれをお殿様の康長に伝え、康長は天守6階の梁の上に二十六夜神をおまつりし、翌月からさっそく、二十六夜にお餅をついておそなえしてきました。明治維新まで、毎月続けられてきたそうです。「享保年間に本丸御殿が火事にあったことがあるんです

が、天守閣が焼けなかったのは二十六夜神様のおかげだと、伝えられているんですよ」。ロマンチックなお話ですね。二十六日目の月はとても細くてはかなげな月ですから、そのお姫様、美しかったことでしょうね。

　天守閣の最上階、その天井のちょうど中央には、今でもしっかりと二十六夜神様がまつられています。そして、松本古城会の皆さんによって毎年11月3日に二十六夜神のお祭りがおこなわれています。

　松本城の天守は、とても急な階段が有名です。最上階にたどりつくと、とても達成感があるんです。そして東西南北の窓から広がる景色を眺めると、最高に気持ちがいいんですね。窓の方へ行く人が圧倒的に多いのですが、そこでちょっと上を見てください。女神様がちゃ〜んと守ってくださっていますよ。

〈調査隊員：塚原正子〉

あの漫画の神様のルーツは上田市だった！

漫画の神様といえば、手塚治虫。そのルーツとなる人のお墓が上田市にあるということで、たずねてきました。

報告書 No.021

2015年11月23日放送

　鉄腕アトム、火の鳥、ブラックジャック、ジャングル大帝、リボンの騎士…、まだまだあげたいのですが、手塚治虫さんの作品に触れたことがない人は、いないんじゃないでしょうか。誕生日は昭和3年11月3日、兵庫県宝塚市出身で生まれは大阪となっています。しかし、そのルーツは上田市にありました。

　上田市諏訪形・須川地区、とあるお墓に行ってきました。お話をお聞きしたのは、有限会社上原不動産管理代表取締役上原榮治さん。「このお墓は、木曾義仲の家来で忠義を尽くした手塚太郎金刺光盛の墓です。もともと光盛は上田手塚郷の領主で、諏訪大社下社の最高位の神職（神主）だった方。義仲が2歳のときにお父さんが殺され、以来、義仲

を庇護(ひご)して30年間運命をともにしました。義仲は対立した源頼朝に破れ、光盛は義仲とともに近江で討ち死。子孫の一部が須川地区に逃れ身分を隠すため横林と名乗ってひっそりと暮らしたそうです」。

　その墓に9月23日、ある人がお参りに来ました。手塚治虫さんの長男、映像作家の手塚眞さんです。これまで何回もルーツを求めて上田に来ていましたが、お墓を探しあぐねていたそうです。光盛の先祖祭りに上原さんが招待して自分のルーツの墓が判明したというわけです。

　なぜ上原さんは手塚家のルーツを探し当てたのでしょう？じつは上原さんの母方の先祖が手塚一族で、自分のルーツを知るため、本を書こうとしたのがきっかけでした。それで上原さんの著書「手塚太郎金刺光盛－手塚一族の後裔はどこへ？－」の調査の課程で上原さんは偶然手塚治虫さんも茨城県に落ちのびた一族であったと知ったのです。手塚さんの作品「陽だまりの樹」は、水戸藩の医者だった手塚治虫さんの先祖がモチーフとなっています。

　上田市は手塚治虫さんのルーツの町ということが判明し、息子の手塚眞さんは今後も上田市を訪れるということです。

〈調査隊員：根本　豊〉

信州でもっとも古いリンゴの木は千曲市にあった！

明治12年にやってきた信州最古のリンゴの木。樹齢140年のいまも実をつけるリンゴは、食べると元気になれそうな気がします。

報告書 No. 022

2015年12月1日放送

　リンゴの産地長野県で一番古いリンゴの木が千曲市にあると聞き、さっそく行ってみました。千曲市八幡にお住まいの山本潔さんの畑にそのリンゴの木があるとのこと。樹齢およそ140年の古木、品種は「国光」です。山本さんは千曲市八幡で果樹栽培を始めて半世紀近く経つそうです。今なお大切に育てている山本さんに聞いてみまし

た。

　明治7年ころ、八幡の豪商・和田郡平氏がアメリカ土産のリンゴの苗を譲り受け、それを植えたところ見事に根を張って育ちました。昭和初期、そのリンゴ畑を山本さんの義父が買い受け、昭和20年代には潔さんが園地を任されました。そのとき、このリンゴの木は義父の生まれた明治12年にやってきた畑の中で一番古い木なので大切にしてほしいと言われたそうです。

　先代から山本さんが園地を引き継いだとき、国光、紅玉、祝、あさひ、インド、やまとにしきなどの今やなつかしい品種のリンゴを育て、ぶどうを始めたり、園地が新しい品種に変っていく中で、この国光の木だけは残していきたいと大切にしてきたそうです。

　現在、国光の木の幹の太さは1.5ｍほどあるのですが、幹の中は空洞。腐ってなくなってしまい、外側に残された4㎝ほどの部分だけで支えているそうです。ここまで残すためにはいろいろと試行錯誤しましたが、樹木医さんのアドバイスを受けたりして、現在はありのままの姿です。

　信州でもっとも古いリンゴの木ですが、平成27年の収穫時期を迎えて、どれくらいの実がついたのでしょうか？多い年にはリンゴ箱7～8箱収穫できましたが、現在は2箱程度。木も古くなっているので、あまり多く実をつけすぎると木の負担になってしまうためだそうです。このリンゴを食べると元気になれそうな気がします。

　貴重な信州最古のリンゴの木はこれからも大切に守られていきます。

〈調査隊員：竹井純子〉

安曇野には手前醤油造り師がいる!?

自分で作るから手前醤油。お醤油はお家で作る時代がくるかも？そんな活動をお手伝いする手前醤油造り師を訪ねました。

報告書 No. 023

2015年12月4日放送

　いったい手前醤油とはなんでしょうか。安曇野市穂高有明の手前醤油造り師宮﨑康英さんを訪ねました。新屋という地区にあるご自宅をうかがうと、お家の前に樽が。これが「手前醤油」の樽なんですって。「醤油は、大豆と小麦と塩があれば作れます。こうして、どの家庭にもあるような樽に、こうじをいれて熟成させて、きちんと温度管理さえしてあげれば、おいしい醤油ができあがるんですよ」と宮﨑さん。

　宮﨑さんは9年前、醤油造りを初めて体験し、そのおいしさに感動したそうです。その後、上田市の醤油店が廃業すると聞き、急ぎ押しかけて技術を教えてほしいと頼み込みました。「じつはそのときボクは酒蔵に勤めていて、こ

うじを扱っていたんです。だから、ある程度の知識はあったんですが、それでもこうじが造れるようになるのに3〜4年はかかりました」。醤油造りで一番難しいのは、こうじ造りと搾ること。道具も必要だし、搾り師という技術を持った方がいるそうです。

宮﨑さんは道具も手に入れ、搾り師としての技術も学び、おいしい醤油の造り方を確立しようと、試行錯誤を重ねてきました。そして平成27年から、手前醤油造り師として活動を始めました。その名も、新屋おらほ醤油の里プロジェクト。「まず、材料になる大豆などを地域の遊休農地で栽培します。それを使ってボクがこうじを造りますが、仕込んで熟成させるのは各家庭でやってもらいます。そうして造った醤油がバツグンにおいしいことを知ってほしい。それは子どもたちへの食育になると思うんです」とのこと。醤油造りは大切に伝えていきたい日本の文化ですもんね。今後は、地域で手前醤油造り師として活動していくリーダーを育てる講座も開催する予定だそうです。

宮﨑さんちの醤油、味見させていただきました。大豆の甘み、小麦の香りが口の中に豊かに広がって、柔らかくて優しい味！宮﨑さんの今後の活動、応援していきたいです。

〈調査隊員：塚原正子〉

上田市には子育てママさんに優しいマップがある!

マップは利用する人の役にたってこそ。子育てママのためのママ目線マップがあるという上田市にいってきました。

報告書 No. 024

2015年12月7日放送

　子育て中のママさんって、本当にたいへんですよね。自分より家族の健康を気づかいがち。赤ちゃんが小さいうちは家の中に引きこもって社会生活も閉ざされがち。自分の時間もとれずストレスもなにかと自分で抱え込みがち。そんな「がちがちママさん」の健康を気づかって、ママさんに大いに外に出てもらって元気になってもらおうと、いろいろな企画に取り組んでいる上田市におじゃましました。

　まずは「ママ目線でまちなか健幸(けんこう)UPウォーキング」と題した講座を開いた、上田市教育委員会中央公民館にお話をうかがいました。「自分より家族の健康を気づかいがちな子育て中の親の健康づくりを支援するために、上田市中央公民館と市健康推進課などが協力してこの講座を開きま

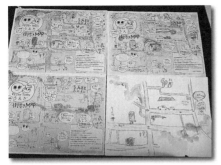

した。初回は健康運動指導士の指導のもと、市中心部の海野町商店街周辺を散策。そして2回目は散策した体験をもとに、参加していないお母さんたちとも情報を共有しようと子育て中の親に役立つ情報を盛り込んだ『お散歩マップ』を作ることにになりました」。これが「ママさん目線のお散歩マップ」です。歩いた経験をもとに自分たちが本当に興味がわいたポイントを地図に落とし込んで、子育て中のママさんが表に出て歩きたくなるような、かつ役立つマップを作ったのです。

　上田市在住の画家白井ゆみ枝さんを講師に地図をデッサンし、参加者がママ目線でソフトクリームのおいしい店、ママに優しい公園、野菜直売所などのポイント情報をつぎつぎと地図に落とし込んだそうです。海野町商店街界隈(かいわい)で授乳やおむつ替えのできる赤ちゃんステーションの場所もすべて掲載されています。

　マップは、もっと地域を広げていきたいとのこと。今後も講座は開催され、託児所など併設して子育て中のママが参加しやすい環境を整え、ママ目線の事業とセミナーを展開する予定だそうです。上田にお越しの際はこのマップを手にとって気軽に市内を散策してみてはいかが。

〈調査隊員：根本　豊〉

信州うわさの調査隊 II

傾いた天守閣!松本城にはさまざまな伝説が!

多田加助がにらんだから傾いた?それって地元では有名な伝説ですが、実はもうひとつ傾いたお城にまつわる伝説があるのです。

報告書 No. 025

2015年12月16日放送

写真は明治30年ごろの松本城天守閣。傾いてるでしょ?これにはこんな伝説があります。時は江戸、現在の安曇野市三郷(中萱)の多田加助が中心となって農民1万人という大規模な百姓一揆を起こしました。結局、加助ははりつけにされてしまいます。加助は最後まで年貢の引き下げを叫び続け、亡くなる間際に血走った目で松本城をギュッとにらんだんですって。そうしたら、松本城が傾いたそうです。地元の方は知っている方が多いし、私は信じています。で

も、これって真実はどうなのかしら？松本城管理事務所研究室菅沼加那さんに聞いてみました。「それは、本当ではありません。松本城が傾いたのは加助がにらんだからではないんですよ」え〜っ。そおなのぉ？「戦後におこなわれた本格的な復元修理のときに、天守台の中の16本の支持柱（く）が腐っていたことが傾きの原因だということがわかったんです。天守1階の展示コーナーに、その腐った柱がそのままの状態で展示されています」。伝説、信じていたのに…。

　菅沼さんはしょんぼりしている私を5階に案内してくれました。「もうひとつの伝説をご存知ですか？この柱には、ロープですれたような傷があります。これは、明治の修理のときに小林有也（うなり）さんという県立松本中学校の校長先生が、お城の傾きを直そうと、この柱に縄を付けて引っ張った、という伝説があるんです。実際に本当に引っ張ったのかどうかはわかりませんが、そうした伝説が残っています」。

　小林先生は、松本城を大切に後世に残していくことに情熱を傾け、松本天守閣保存会を発足させて修理の資金集めに、県内はもちろん東京や大阪まで出かけたそうです。修理が終わったのは、大正2年。小林先生はその翌年、お亡くなりになったそうです。これをふまえて、もう一度松本城、眺めてみてください。

〈調査隊員：塚原正子〉

山ノ内町のスノーモンキー ボスザルはアレで決まる!?

温泉に入るサルを見に、世界各地から観光客が訪れる地獄谷野猿公苑。そのサルたちにまつわるうわさを調べてきました。

報告書 No. 026

2016年1月4日放送

　山ノ内町のサルは、世界でもめずらしい温泉に入るサルということで観光客は世界各地からいらっしゃいます。現在約160頭のサルが山から下りてきますが、このすべてのサルが温泉に入るわけではないそうです。地獄谷野猿公苑代表取締役社長萩原敏夫さんにお話をうかがいました。
　「温泉嫌いな家系はずっとお風呂に入りません。しっかりした数はわかりませんが、比較的入らないサルのほうが多いかもしれません。そもそもサルは体を清潔に保つために温泉に入るのではなく、寒いから温泉に入ります。寒さなんてへっちゃらとか、お湯につかるのが苦手なサルもいます」。温泉に入るのは寒い時期だけですよ、念のため。年中入っているわけではありません。

やはり気になるのがボスザル。このボスについても聞いてみました。「ボスザルはあくまでも順位です。雄の順位の1位がいわゆる私たちの考えるボスにあたります。でも、ボスだから得することはあまりありません。エサに一番ありつけるわけでもなく、優先的に毛づくろいしてもらえることもない、お風呂はかならず一番風呂ということもありません」。

その順位はどのように決まると思いますか？それはなんと、母親の力で決まるそうです。強い母の雄の子ザルは、おのずと群れの中での立場が強くなり順位が上がります。なので歴代のボス、順位1位のサルは同じ母親から生まれた兄弟で一時代をつくる傾向にあります。つまり、強い母親がいる限りは、その兄弟がボスになるわけですね。ちなみに長男よりは、次男・三男のほうが比較的早くボスになる傾向もあるそうです。「お兄ちゃんなんだから我慢して！」ってなるんでしょうか。

ケンカが強いとか、雌ザルからの人気とか、体格や顔でとか、そんなもので決まることはなかったんですね。家系。家系がすべてなんだそうです。ビックリなサルにまつわるうわさでした。　　　　　　　　　　〈調査隊員：竹井純子〉

日本で一番高いバーム クーヘンがあるらしい！

乗鞍高原にあるバームクーヘンのお店。ここで味わえる日本一高いバームクーヘンを調べてきました。

報告書 No. 027

2016年1月8日放送

　一番高い、といっても標高のこと。標高1300m、ペンション・テンガロンハットの中あるヤムヤム・ツリーというお店です。中に入るとおいしそうなバームクーヘンがずらり！

　まずは奥様の宮下理恵さんにお話をうかがいました。「たぶん、日本で一番標高の高い場所にあるバームクーヘン工房だと思います。標高が高いと焼くのがかなり難しいんです。平地に比べて空気が薄く、酸素濃度が低い。そして気圧も低いため、ガスを同じ温度に設定しても燃え方が違います。中が生焼けになってしまったり、ふっくらしすぎたりするんです」。

　工房を見せてもらいました。焼いているのは息子さんで

す。バームクーヘンは何層も重なっていますが、一層一層、温度を変えたり時間を変えて作るんですって。苦労して層を重ねていっても、最後の最後に生焼けになったり、ふくらみ過ぎて全部落ちてしまうことがあるんですって。たいへんな作業です。「でも成功したものは、平地では出せない、ふわふわ感が出るんですよ」とのこと。

　どうしてそんなチャレンジを始めたんでしょうか？旦那様の宮下了一さんにうかがいました。「乗鞍高原は空気もおいしいし、水もおいしい。自然もすばらしい。ここへ来ていただけたら魅力がわかってもらえると思い、そのきっかけづくりがしたかったというのがあります。乗鞍の魅力を知ってもらえたらと思って始めたんですが、こんなに苦労するとは思っていませんでした」。自分たちが住む高原をより魅力的にしたいという地元愛が生んだのが天空のバームクーヘンなんですね。

　一番気になるのはその味。いただいてみたところ…ふわっふわ！ビックリするほどふわふわで、しかもしっとり。ほんとに平地のものでは体験できない食感です。乗鞍高原のおいしい空気と、宮下さんご家族の乗鞍への愛をたっぷり入れて、ていねいに焼き上げた天空のバームクーヘン。優しくてあったか〜い味がしました。〈調査隊員：塚原正子〉

飯山市には雪を使った贈り物があるといううわさ?

雪はたくさん降ると片付けるのがやっかいなもの。でも、飯山市ではそんな雪を贈り物にしているといううわさを聞き、その真相を確かめてきました。

報告書 No. 028

2016年1月12日放送

　贈り物の発送元の、飯山市・高橋まゆみ記念館へ行って、ギフト担当の高橋智子さんにお話を聞いてきました。うわさの贈り物は、なんと本物の雪を使った雪だるま!雪のない地域の子どもたちに喜んで欲しいという思いから誕生した、この雪だるまギフトを冬の贈り物にしているそうです。

　高橋まゆみ記念館は冬のシーズンでも大勢のお客様が県外からもいらっしゃる人気のスポット。雪を見ると大人も子どもも大はしゃぎ。そんな姿をみて「雪ってこんなに人を喜ばせる物。アイテムなんだな〜」と感じたそうです。鮮度の良い真っ白な雪が手に入る飯山だからこその雪だるまギフトなんですね。その雪だるまギフト、どんなものでしょうか。18cmの(小)と32cmの(大)の2種類あり、

　箱を開けると雪だけが送られてきた?という感じですが、それは保冷のための雪で、手で掘っていくと雪だるまの型が出てきます。開けると雪だるまが登場、オリジナルの雪だるまを作ってもらうそうです。「雪だるまさんのお家」なんて言いながら、冷凍庫に入れて長く楽しむお子さんもいらっしゃるそうです。

　実際のお客様はどんな方が多いのか聞いてみました。県外のお客様が多いのかな?と思いましたが、意外にも県内のおじいちゃんおばあちゃんからのご注文が多いそうです。離れて住んでいるお孫さんに送っているのでしょうか。雪だるまには一緒にメッセージカードを同封しますが、かならずと言っていいほど、お礼のお返事が来るそうです。雪だるまが結ぶ家族愛。雪は手に取ると冷たくいつかなくなってしまうものですが、その中に込められた思いは熱く、永遠に残る贈り物になるようです。

〈調査隊員:竹井純子〉

長野県民はカルタがとっても好きらしい!?

カルタ遊びしていますか？じつは長野県、カルタにとっても熱いのです。カルタから見た長野県の特徴とその理由を調べてきました。

報告書 No. 029

2016年1月15日放送

　カルタから長野県を見てみるとおもしろいことがわかってくるということで、カルタと言えばこの人、長野県のカルタの研究もしたことのある豊橋市自然史博物館館長の松岡敬二さんにお話をうかがいました。カルタは、全国各地でいろんなものが出されていて、その土地の特色が描かれとってもおもしろいんだそうです。県別に発行部数を見てみると、群馬県がダントツトップで、その次が埼玉県、続いて長野県なんだそうです。長野県は全国で3番目にカルタを多く作っている県なんです。

　じつは南信州はカルタがさかんな地域で、なかでも阿智村の人たちは、おもしろいくらいにこのカルタにはまっているみたいなんです。40年前に作られた阿智村カルタは

村中で親しまれ、そのカルタの解説本まで発行されるほどでした。平成27年、40周年を期に平成版阿智村カルタが作られました。

このカルタへの思いを平成版阿智村カルタ制作委員会の小池昇治さんと片桐奨悟さんにうかがってみました。当時は小学校の授業でも休み時間でも子どもたちに親しまれ、40年たった今でも絵札を見れば句が言える大人がいっぱいいるらしいのです。片桐さんは、どんなの覚えているんですか？と聞くと、スラスラとなにも見ることなく2つの句を言い始めました。昭和40〜50年代生まれの阿智村村民は、絵札を見るとかならずなにかが返ってくるというんです。そんなのウソじゃないかと思いましたが、小池さんの奥さんも「私は"あ"をよく覚えてます」と今でも、心に刻まれた思い出が昨日のことのように蘇ってきているようでした。

また、長野県のカルタには独特の特徴があると松岡さん。それは、多彩なカルタが存在するということ。とくに一茶や島崎藤村、島木赤彦、中山晋平など個人を描いたカルタが数多く作られていて「長野県はカルタに熱い！」と松岡さんも太鼓判。これだけ熱いんですから、長野県民はお正月カルタを楽しまなきゃダメですね。〈調査隊員：西村容子〉

南信州にはさるかに合戦みたいな行事がある？

さるかに合戦で「早く芽をだせ柿のたね、出さぬとはさみでちょん切るぞ」という歌でてきますよね。南信州では、そっくりな行事があるんです。

報告書 No.030

2016年1月15日放送

　そのちょっと変わった行事を発見したのは、友人のフェイスブックでした。その友人に、「さるかに合戦みたいな行事あったよね？」と聞くと、笑いながら「あ～なりきぜめね」と一言。漢字で書くと「成木責め」(成る木を責める)と書くそうです。その友人の家でも、柿の木を切ってしまうまで、伝統行事を大事にするおばあちゃんの指示でやっていたということでした。

　各農家でかつてはおこなわれていた行事ですが、今は飯田市がその行事をやっているということで飯田市農政課の出口光利さんを訪ねてみました。「さるかに合戦みたいな行事をしているって聞いたんですが…？」という、私の質問に「さるかに合戦かどうかは、ちょっと疑問ですが、似

たような行事はあ
りますね」。果実
の豊作を祈願し
て、小正月行事
としておこなわれる
もので、南信州で
は市田柿の産地と
いうこともあり、
柿の木でおこない
ますが、今ではこの行事のことを知る人は少ないそうです。

　どんな行事なのでしょうか？JAみなみ信州の上郷選果場のすぐ上の柿畑でおこなわれるということで行ってきました。「皆さん、成木責めはご存知ですか？」の問いかけには、ほとんど反応なし。そうしていると、鉈(なた)を手に持った方が登場して大きな声で「なりそろか、切りそろか、ならぬとすっぱり切っちまうぞ！エイ！エイ！エイ！」と鉈で木に傷をつけます。そういわれた木の役の人が「なります、なります、鈴なりに！」と言うと「それではおかゆをしんぜましょう！」と言って、傷口に、おかゆをのせていました。そして最後にお神酒(みき)を木にかけて終わり。笑い声も漏れてきたりして、とってもいい雰囲気でした。

　調査に行く前には気づかなかったんですが、あまりに似ているので、さるかに合戦の物語が作られたとき、もしかしたら成木責めのような行事をマネてあの場面を作ったんじゃないか？と思うようになりました。

〈調査隊員：西村容子〉

佐久穂町には数奇な運命をたどったピアノがある!?

忘れ去られ、ほこりをかぶっていた1台のピアノは実はとても貴重なピアノだったのです。その数奇な歴史を調べてきました。

報告書 No.031

2016年1月18日放送

「スタインベルグ」というメーカーのピアノを知ってますか？正確には「スタインベルグ・ベルリン」。1908～1940年の32年間しか製造していないドイツのメーカーのピアノです。ベルリン・フィルハーモニー管弦楽団などから高い評価を受けていたそうですが、残念なことに第二次大戦の影響で会社やピアノのほとんどは消失してしまったそうです。わずかに残されたピアノはその音色のすばらしさもあり日本はおろか世界でも「幻のピアノ」とよばれています。

日本にあるスタインベルグのグランドピアノはたった3台。1台は岡山市東区政津の政田小学校、1台は京都府綾部市の綾部高校、そしてもう1台は長野県佐久穂町の旧

八千穂小学校にありました。

佐久穂町のスタインベルグピアノについて佐久穂町教育委員会生涯学習課長須田芳明さんにお話をお聞きしました。「昭和2年ごろに作られたもので、昭和3年12月、穂積尋常高等小学校（佐久穂町立旧八千穂小学校の前身）が、昭和天皇の即位記念として、地元の黒沢家からの寄付をもとに購入しました」。その後、ピアノはどんな運命をたどったのでしょう？「時代を経ていくうち、貴重なものとは知らず無造作に体育館におかれ、移された八千穂中学校体育館のステージ隅でもひっそりとほこりをかぶっていました」。『八千穂村誌』を作っている途中に偶然このピアノを発見し、有志が修復委員会を組織し寄付を集めて専門のピアノ業者に直してもらいました。平成17年には修復記念コンサートをおこなったそうです。

平成27年、佐久穂町「花の郷・茂来館」メリアホールに移されてからは、このピアノメインのジャズコンサートを開いたり、数十人がリレー形式で演奏するピアノリレーコンサートを開催したり、また自由に使用できるようにして、ふたたびみんなのピアノとして愛されています。町の内外の人、誰でも弾いていいそうですから、幻の名器にチャレンジしてみてはいかが？　　　　　〈調査隊員：根本　豊〉

佐久市の団体が作った暦(こよみ)で自給自足できる?

本当の味、旬というものがわからなくなった現代人にとても役立つ暦があるということで、佐久市の団体を取材してきました。

報告書 No. 032

2016年2月1日放送

　私も季節感を忘れ、もったいない精神も失いかけている現代人なんですが、今回はそんな人びとに耳寄りな情報です。農業と食を楽しむ団体、千石の杜代表荻原武治さんに取材してきました。

　「『千石の杜』は退職後に農業を始めた元サラリーマンらで設立しました。私たちは暦に応じた野菜の育て方や季節の料理などをまとめた冊子『佐久の自給暦』を作り、自給用農作物の種まき・定植など農作業を初心者にもわかるように各月の作業別に説明しています」。

　荻原さんは土木設計の仕事からリタイアされた農業初心者。高度経済成長で自給自足や伝統食といった言葉を聞かなくなるとともに、均一化・工業化によりバラツキを認め

育てる文化を失ったと感じた萩原さんは、ほかの退職された方々と勉強会で出会った南相木村の農業細井千重子さんの協力で「佐久の自給暦」を完成させました。暦には種まきなど季節ごとの農作業の解説や、鯉こくや五目タケノコご飯など、旬の食材を使った料理の作り方などが掲載されています。また、佐久地域の歳時記も紹介しています。

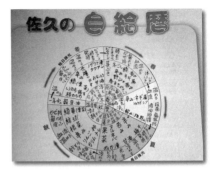

ほかにも季節ごとの食文化を学ぶためそば打ちに挑戦したり、寒ざらし大根を作ったりと定期学習会に取り組んでいて、農業実践する哲学者筧次郎先生を講師に招いて講演会を開き先生の志を目標にがんばっているそうです。

暦は450部制作し250部を一般販売。失われつつある自然や伝統や文化に、子どものころから慣れ親しんでもらいたい、そして季節や食文化もふくめ地元の生活に密接に関わっている農業の心に触れて、地元を愛して盛り上げてもらいたいという思いから、残り200部は佐久地域の小中学校に無料配布しています。また、ほかの地域でもこういった自給暦を作ってもらって、情報交換して長野の農業や伝統を絶やさないようにしていきたいという願いもあるそうです。

季節感を忘れた現代人にも役立つ情報がいっぱいの暦でした。　　　　　　　　　　　　　　〈調査隊員：根本　豊〉

野沢菜といえば、じつは南信らしい!?

信州の食文化である野沢菜、北信だけのものと思っていませんか？今、野沢菜は南信から全国に広がっています。それには、こんな事情がありました。

報告書 No.033

2016年2月5日放送

　「野沢菜といえば…南信」なんて言われると「え〜?」という声が聞こえてきそうですよね。野沢菜といえば北信の大切な食文化。でも、どうも「野沢菜といえば南信」らしいんです。その真相を探るべく調査に出かけてきました。
　お話をうかがったのは、飯田漬物協会会長丸昌稲垣社長の稲垣勝俊さん。「野沢菜というのはすべて、漬物のような加工品としてしか流通には乗っていません。スーパーとかで売られている野沢菜漬けの生産は長野県では南信が一番多いのです」。平成20年のデータですが、全国の漬け菜の生産量は第1位・長野県（36,300t）、第2位・徳島県（11,135t）、第3位・広島県（3,079t）と、断然長野県がトップです。その全国シェアの3割ほどを南信が占め

てるんだそうです。野沢菜自体を栽培している農家は当然、北信が多いんですが、それを漬物にするとなると今は南信と東信の会社でさかんにおこなわれているんだそうです。

　野沢菜の製造を手掛けている会社をピックアップして数えてみると、飯田市10社、松本市6社、安曇野市3社、佐久市6社、長野市5社と、断然飯田市が多いことがわかります。ではなぜ、飯田市に漬物屋さんが多いのでしょう？かつて、味噌製造会社が多く存在していましたが、残った味噌で漬物を漬けて売りにいったら漬物のほうがよく売れたことから、漬物屋さんに移行していった業者がたくさんいたそうなんです。そのため飯田の漬物屋さんの名称は「〇〇醸造」という会社がとっても多いんですって。企業の数の多さに加えて、それだけの量を生産できる大手の漬物メーカーが、南信に多くあるということも「野沢菜といえば南信飯田」といえる、もう1つの理由でもあります。

　また、南信は中京関西方面、東信は東京方面と、流通のしやすさという面から産地である北信より、生産量が多くなったとも考えられるそうです。意外な結果に驚いている方も多いと思いますが、北信の食文化である野沢菜を全国に広めるために、全県挙げて信州の野沢菜漬けとして、支えているということなんでしょうね。

〈調査隊員：西村容子〉

茅野市には中高生のパラダイスがあるらしい!

そこはスタッフ以外、大人は入ってはいけないんだそうです。いったい、どんなパラダイスなんでしょうか?

報告書 No. 034

2016年2月11日放送

中高生のパラダイスがJR茅野駅前のビルの中にあるといううわさ、調べてまいりました。そこはベルビアというビルで見た目は普通の商業ビルなんですが、2階の奥へ行くと、中高生たちがやたらと多いんです!カウンターに優しそうなオトナのお兄さんがいました。CHUKOらんどチノチノ子どもの居場所ディレクター半田裕さんです。お話を聞いてみました。「中高生が自分たちで施設の設計をして、利用規約や企画を考え、運営をしている施設です。下駄箱の向こうには、勉強するスペース、スタジオ、調理室、ダンスルーム、ゲームスペースなどがあります。利用は登録制で現在は高校生が800人、中学生が300人あまり登録しています。学校帰りなどにここへ立ち寄って、好きな

ことをしています」。

　下駄箱の向こうは半田さんたちスタッフ以外、大人は入ってはいけないんです。茅野市はどうしてこういう施設をつくったんでしょう？「中高生のフォーラムが開催され中高生たちから自分たちの居場所がほしい、という声があがりました。大人側からもそういう意見があがり、ちょうど気持ちが合って、この施設が生まれました。平成28年で15年目を迎えます」。じつは半田さん、高校生のときに運営委員長として、この施設の立ち上げに力を注いでいたんです！ここで青春時代を過ごして帰ってきたスタッフの方、ほかにもいらっしゃるんですって。ルールも自分たちで考え、より居心地の良い場所にしていくために、みんなで努力しています。ここはみんなにとってどんな場所？という質問に「家です」と答えてくれた高校生がいました。

　半田さんは、ここでの経験を次につなげてほしいと願っています。ここで楽しく過ごしたら、家に帰っても楽しく会話できるかもしれない。学校へ行っても生き生きできるかもしれない。そして将来、自分のやりたいこと、これからの人生につながるような体験を、ここでたくさんしてほしい、と語ってくれました。

　キラキラ光る中高生が集うCHUKOらんどチノチノは、やっぱり中高生のパラダイスでした！〈調査隊員：塚原正子〉

信州うわさの調査隊 II
寒くならないとできない職人の技が中野市にあった！

寒いときに作るものはいろいろありますが、今回調査したのは、のり。食べるのりではありません。そこには驚きの職人の心意気がありました。

報告書 No. 035

2016年2月16日放送

　中野市三ツ和にある表具会社「芳仙洞」では、大寒になんともめずらしいのり作りを毎年おこなっているそうです。芳仙洞3代目・表具師の北岡隆重(たかしげ)さんと4代目表具師の北岡隆洞(りゅうどう)さんにお聞きしました。のりは、小麦粉から抽出(ちゅうしゅつ)したでんぷんを水に溶かしてそれを釜に入れかまどで炊くとできあがりなんですが、この

のりは、ここから10年寝かせ10年後に使うのり、古のりを作るためにこの寒ーい時期に作っているそうです。そしてそれは掛け

軸の裏打ちだけに使用するそうです。

できあがった新のりは、かめに入れて寝かせると発酵してかびができます。年に1度、ふたたび大寒のころにかびをきれいに取り除きまた発酵させます。それを繰り返すと粘着力のないはがれやすい古のりができるのだそうです。これを掛け軸に使用すると次に修復する際、作品を傷めずにはがすことができますから、何百年後かに古のりを使用した意味が出てくるのだそうです。裏打ちにしか使わないのには、こんな理由があったのですね。

最近は、表具店も少なくなり、真の表具師さんも減って、職人の技の仕事である古のり作り自体がとてもめずらしい作業になりつつあるようです。冷たい水・冷たい空気で菌の繁殖を抑えゆっくりと発酵させることに意味があるので、寒い時期におこなうそうです。カビが食べるでんぷん質がなくなるとのりのできあがりですが、天候しだいでは、ダメになることもある、10年後に使えるかどうかも10年後にしかわからないということです。でも、国宝級の作品は当然古のりで仕上げるのが当たり前。本当に大切な物は、やっぱり古のりでの裏打ちが欠かせないのです。

古のり作りは表具師としての大切なお仕事ですが、それが評価されるのは何百年後。職人ソウルに感激です。

〈調査隊員：竹井純子〉

信州うわさの調査隊 II
JR佐久平駅には真っ赤なあるモノが建っている?

意外なところに建っていたのは、駅員の皆さんが一体となって受験生を応援しようという、心意気あふれるものでした。

報告書 No. 036

2016年2月22日放送

佐久市には、北陸新幹線や小海線の重要な拠点となっているJR佐久平駅があります。一日平均3000人前後の乗客があり、沿線の高校に通う生徒も多く利用しています。その佐久平駅構内には毎年この時期、真っ赤なあるモノが建つといううわさを聞き、行ってきました。

JR佐久平駅、新幹線改札口の脇になにやら赤いものが。幅1m、高さ2mあまりの手作りの赤

い鳥居と岩村田・鼻面稲荷神社の写真や神棚のお宮が設置されていました。駅にあったのは神社でした。東日本旅客鉄道株式会社佐久平駅駅長柳澤利広さんにお話をうかがいました。「忙しい受験生のために絵馬奉納場所を設置しました。岩村田の鼻面稲荷神社の分社となっています。鼻面稲荷神社は『進学成就』などに霊験あらたかとされております」。ということはこの神社は？「受験生のための合格祈願神社です。当駅では毎日300人あまりの高校生が利用しており、少しでも力になれればと思い設置しました」。

いつから？なぜこの駅に？いろんな疑問を、同じく佐久平駅営業主務橋本義則さんにうかがいました。「13年前から設置しています。この駅を通る小海線には全国でもっとも標高が高い1375mの地点があり、ヒトミナゴウカクということで縁起がよく、高校生の利用客が多いことから通学の際に気軽に立ち寄ってもらえると思い設置しました」。日本一の高みを目指す高校生にはぴったりですね。さて神社というと、いろいろなグッズもあると思うのですが？「もちろん絵馬はご用意していますが、ほかにも日本最高地点を目指す急勾配の滑り止め用の砂をていねいに2度祈祷した砂入りお守りもあります」とのこと。「鼻面稲荷神社は、家内安全、交通安全などの霊験もあらたかなので、地域の人にも気軽に利用していただければ」と柳澤さん。

駅員の皆さんが一体となってアイディアを出し合い、受験生のためにと毎年おこなっている佐久平駅の合格祈願神社の取り組み。今回はその心意気を紹介しました。

〈調査隊員：根本　豊〉

隠れたご当地丼発見!
「飯田のカツ丼」ってなに？

飯田で昔から食べられてきたソース味の煮カツ丼。そのルーツを探るうちに、全国レベルの大発見！になりました。

報告書 No. 037

2016年3月4日・11日放送

　飯田市役所の新庁舎の完成にともない、新しくできた食堂。そこに「飯田のカツ丼」なるものがあるということで、調査に行きました。普通のカツ丼とは違うのでしょうか？飯田市役所を訪れると入り口のメニューには4種類もカツ丼のメニューが。その中に「飯田のカツ丼」の文字が。見た目は、普通の煮カツ丼とそれほど変わりがないような…、食堂葵のご主人中塚敏行さんにどんなもの

か聞いてみました。すると「ソース味の煮カツ丼なんですよ」という言葉。ちょっと想像できませんよね？さっそく、その「飯田のカツ丼」をいただきました。ゆっくりふたを開けてみると、まずソースのいい香りが！卵とじの上にソースがかかっています。そして、カツをいただくとなんとも言えない、コクと深み。ソースと煮カツ。すごくあいます！

　ルーツとなったのはいわゆる飯田の丘の上といわれる昔の繁華街で昔からやっている、おそば屋さんや食堂のカツ丼らしいのです。しかも、歴史は古く、昭和20年代にはすでにそのカツ丼は存在していたそうです。そして調査を進めていくうちに、意外な情報が入ってきました。ソース味の煮カツ丼が福島県は会津にある！というので、さっそく電話調査です。うわさのお店は会津の中島食堂。社長の中島重治（しげはる）さんにお聞きしました。本当にソース味の煮かつ丼があるんでしょうか？「もちろんあります」。会津のソース味の煮カツ丼は、中島さんのお父様が考え出したものだそうです。洋食屋を営んでいたお父様は、洋食の手法でスープをとってソースと合わせ、そのスープで煮込むカツ丼を考案。ソース味の煮込みカツ丼が誕生しました。飯田のカツ丼とは少し違うみたいですね。でも伝統会津ソースかつ丼会会長として全国に出かけることの多い中島さん、これは全国に会津と飯田にしかないと断言できる、とおっしゃっていました。

　当たり前に飯田で食べ続けられたカツ丼は意外や意外、日本に2か所しかない、超レアなカツ丼でした！

〈調査隊員：西村容子〉

木曽福島の商店街はアレがアートになっている?

空き店舗の目立つ商店街を彩るアートには、地元を愛する熱い想いがこもっていました。

報告書 No.038

2016年3月11日放送

　木曽町福島の中心商店街。空き店舗がポツポツとあって、街を歩くとシャッターが目に入ります。でも、そのシャッターには木曽のお祭り「みこしまくり」が美しく描かれているではありませんか。その先にも…そう、アートになっているアレとはシャッターでした。

　でもなぜ?どうして?木曽町議会議員大畑俊隆さんにうかがいました。「中心市街地の活性化のための戦略会議で、商店街の将来のためには、きちんとしたデザインを作っていくことが必要という方針を決めたんです。昨年の6月に木曽町福島出身で逗子市の中心商店街のシャッターアートを手掛けた山下勝彦さんというデザイナーから、木曽福島でもやってみたらどうか、という提案があり、この事業が

始まったんです」。

なるほど、街をデザインするって大事なことですよね。でも、このすてきなアートが楽しめるのはシャッターが下りているとき。商店街の活性化ということから考えるとシャッター下りていていいの？ちょっと聞きにくい質問でしたが、思い切って聞いてみました。「一番の目的はシャッターを下ろしているお店がなくなること。でも、その目的を叶えるためには時間がかかります。その間にも多くのお客さんは商店街を通ります。見栄えの良くないシャッターより、きれいな方がいい。それがアートになっていたら、もっと喜んでもらえますよね」。デザイナーの山下勝彦さんは、「大好きな街ですから自分が役に立つことができればと思って提案しました。こだわったのはやはり、色とデザイン。この街に相応しい絵を描きたかった」と熱い想いを語ってくれました。シャッターアートを眺めながら、ぶらりと街を歩いてみると、とても楽しめると思います。「まだ描かれていないところもあるのでシャッターアートは増えていきます。でもホントはあまり増えてほしくはない(笑)シャッターが開いて、どのお店も元気！っていう街を目指したいところですよね」と大畑さん。これから福島の街はもっと美しく、もっと元気になっていきそうです！　〈調査隊員：塚原正子〉

箕輪町の別名から生まれたご当地丼があるらしい？

「フェンシングの町」ともいわれる箕輪町に、めずらしい丼が誕生?! それはいったいどんな味がするのでしょうか？調べてきました。

報告書 No. 039

2016年3月11日放送

　箕輪町はフェンシングの町と言われています。なぜ、箕輪町でフェンシングなのか？長野県フェンシング協会の向山幸恵（さちえ）さんにお話をうかがいました。

　やまびこ国体が開催された昭和53年。箕輪町はフェンシングの会場となったんです。そのときに当時の町長さんが、箕輪町にフェンシング協会を設立。その後、年3回の全国大会が開かれ、いまや世界大会出場のポイント対象となる4大会の1つが開かれるほどなんです。実際、箕輪町には世界大会出場選手が何人もいて、現在東京で強化選手として練習にはげんでいる人もいるそうです。

　フェンシングって私たちはあまりなじみがありませんが、箕輪町の人たちにとってはどうなんでしょうか？町の

方に聞いてみたところ、「町では、サッカーやバスケットボールと同じようになじみのある部活」「よく海外遠征の新聞記事を目にする」「見たことはないが、フェンシングの町ということは知っている」などと、かなりの浸透度。そんな中、誕生したご当地丼があるそうなんです。その名もズバリ、フェンシング丼！

これを考えたのは、学校給食の先生たちなのだそうです。そして、全国学校給食甲子園と地産地消給食等メニューコンテストで賞も取ってるんですよね。地産地消はもちろんですが、箕輪中学校生徒会の熱意も受賞の大きな要因だったといいます。生徒会で「これを名物丼に！」と決まり、子ども議会で町長さんに直接提案、文化祭に加え、フェンシングの全国大会の日にも試食やPRに取り組んだそうです。ではこのメニュー、どこで食べられると思います？じつはいまはまだ、給食でしか食べられません。

それがこちら！ウズラの卵と揚げた春雨。ウズラの卵は、フェンシングのマスク、春雨は、サーベル(剣)をあらわしています。どんぶりにうずらの卵が2つなのは、戦っている姿をあらわしたいからなんだそうです。戦っているように見えますか？スタミナたっぷりのフェンシング丼、とってもおいしくてまた食べた〜い。

〈調査隊員：西村容子〉

長野地方気象台だけで観測しているモノがある?!

春といえば桜。開花予想を見ながらお花見の日を決めている人も多いと思います。でも気象台で観測しているのは桜だけではないのです。

報告書 No. 040

2016年3月21日

　春と言えば桜ですが、桜の開花はどういう基準で決められるんでしょう？気象庁長野地方気象台気象情報官佐藤義之さんにうかがいました。「気象台では、生物季節観測というのがありまして各気象庁管轄気象台敷地内には、そのための標本木というのがあります。その1つ、ソメイヨシノに5・6輪の花が開いたときが開花としています。平成21年までは気象庁の方で開花予想をしていましたが翌年からは民間の気象予報会社各社が独自の手法で予想するようになり

ました」。満開の基準は「8分咲き」ぐらいだそうで、私たちが満開だと思うころには、最初に咲いた花はもう散り始めていて、もうそれは満開とは言わないそうです。

私が見た長野地方気象台敷地にあるソメイヨシノの標本木は相当な古木でしたが、水や肥料は与えずに自然のままの状態で観測すると決められているそうです。その木が弱ってきたらその後はどうなるのでしょうか？「おさえの木もあって、現在の標本木の寿命が近くなると2本を比べながら観測していきます」。

ところで気象台では桜だけを観測しているわけではないようで、梅やイチョウやカエデなども観測して、それぞれの開花や紅葉などの情報を発信しているそうです。全国各地の気象台ではそれぞれその土地独特の植物も観測しているそうですが、長野でしか観測してない植物はなんでしょうか？それはアンズ！確かに千曲市のアンズは有名ですからね。ほかにリンゴの観測もやっていますが、意外にもリンゴで有名な青森や福島の気象台では観測してないそうです。

また、うぐいすの初鳴きやチョウチョを初めて見た日、セミの鳴き声も観測発表しているそうです。「昭和30年代には、こたつを出した日、手袋をはめた日、コートを着だした日も観測して発表していました」とのこと。今では考えられない生活季節観測もしていたのは驚きですね。〈調査隊員：根本　豊〉

安曇野には全国でもめずらしい緑色のモノがある!

淡く輝くような光沢の緑。それは人の力では生み出せない美しさ。お値段もおどろきの緑色のモノとはなんでしょうか?

報告書 No. 041

2016年3月25日

　その緑色のモノは、安曇野市穂高有明地区にあるんです。淡くて輝くような光沢のある美しい緑色。それを使った着物はなんと850万円!それもそのはず。単価はグラム700円という高級品。その緑色のモノとは?もうおわかりですね、それは繭です。

　穂高有明地区はかつて、緑色の繭を作る天蚕の飼育がさかんでした。天蚕は、日本原産の野生の蚕で「やまこ」「やままい」ともよばれています。野山でクヌギやナラの葉を食物として生育しています。普通のお蚕さんは家の中で飼育しますが、天蚕は屋外で飼育します。病気に弱く、飼育はとてもたいへんなんだそうです。

　明治30年ごろには日本一の生産量を誇っていました

が、時代とともに衰退し、第2次世界大戦によって途絶えてしまったそうです。

天蚕の繭は太陽光が当たる部分が濃い緑色、裏側は薄い色になります。普通の繭よりも大きく、糸も強くて丈夫。しわになりにくい特徴があるそうです。

安曇野市天蚕センターでは、そんな天蚕を絶やさないように育て、糸を紡いで布を織る技術をのこしていくために、さまざまな活動をしているんです。

地域の子どもたちに天蚕について知ってもらおうという活動もそのひとつ。地域の小学生に天蚕の飼育を体験してもらい、6年生になると自分たちが育てた繭で、コサージュを作って卒業式に保護者の方にプレゼントします。安曇野市天蚕振興会会長の小川文人さんは、「子どもたちに地域の産業のすばらしさを知り、体験することでなにかを感じてほしいと思っています。天蚕は大量生産できないので産業化はまだまだこれからですが、できた糸はすばらしい。こんな美しいものを絶やしたくない。その想いでがんばっています。夢は、若い人たちがここで天蚕の産業を始めてくれること」と、熱く語ってくれました。

天蚕をつかった着物、実際に見るとドキッとする美しさですよ。ぜひ見に行ってみてください！

〈調査隊員：塚原正子〉

辰野町には「小鳥の喫茶店」がある?

そこはいったいどんな喫茶店なんでしょうか？小鳥のいる喫茶店？なんと、とってもかわいいお客さんが来る喫茶店でした。

報告書 No. 042

2016年3月31日

　辰野町に、「小鳥の喫茶店」なるものがあるらしいんですが、どんな喫茶店だと思いますか？

　そのうわさの場所に出かけてみると、そこはいたって普通のお宅。迎えてくださったのはロマンスグレー系のすてきな方でした。その加納巌(いわお)さんに「ここが小鳥の喫茶店ですか？」とうかがうと、意外な答えが。「小鳥の喫茶店っていうか…小鳥がね、コーヒー飲みに来るんですよ」。鳥がコーヒーを飲みに来る？さっそくその喫茶店を拝見させていただくことにしました。案内されたのはリビングルーム。隣のサンルームにテーブルが1つ置かれていて、小さな喫茶店のようにコーヒーカップと果物が。ここに小鳥たちがコーヒーを飲みに来るとのこと。まさに、「小鳥たちのため

に常時オープンしている喫茶店」です。窓を5cmだけ開けた、小鳥だけしか入れないVIPルームへ、朝・昼・晩、ご飯を食べに来るそうです。でも、お客さんはみんな警戒心の強い野鳥ばかり。なぜ来店し、コーヒーまで飲むようになったんでしょうか？

小鳥たちが来るようになったのは7年ほど前。加納さんがサンルームで窓を開けて朝食をとっていて、ちょっと席を離れたとき、小鳥が1羽入ってきたそうです。加納さんが席に戻ると逃げましたが、コーヒーカップを机に置くと、小鳥がやってきてカップにとまりました。「それはお前さんたちが飲むものじゃないよ」と、優しく話しかけましたが、チョンとひと口。それがおいしかったようで、その後、来る鳥来る鳥コーヒーを飲むようになったんだそうです。

この日はなかなか姿を見せてくれなかったんですが、しばらくすると、1羽、もう1羽と、メジロが入ってきました。そのかわいらしいこと。あっという間に4羽ものメジロが集まり、実際、私の目の前でコーヒーを飲んでくれました。加納さんは、野生の鳥たちと本当に仲良し。雪が降ったりすると泊まることもあるそうで、そんな日はお夜食も食べるそうです。小鳥の喫茶店とは、本当に小鳥がコーヒーを飲みにくる、小鳥のための喫茶店でした。　〈調査隊員：西村容子〉

諏訪地方では家に何枚も法被がある？

1枚2枚ではありません。人によっては5枚10枚！どうしてこんなに持っているのでしょう。そこにはこんな理由がありました。

報告書 No.043

2016年4月1日放送

「家に法被って何枚ありますか？」諏訪地方の皆さんにこんな質問をしてみました。「5〜6枚」「8枚」「10枚くらい」とのお答えが……。どうやら諏訪地方では家に法被が何枚もあるのは、当たり前のことなんです。

4月2日、上社の山出しからスタートした平成28年の諏訪大社御柱祭。大きな御柱を曳行するために大勢の氏子が集まりますが、氏子の証ともいえるのが身にまとった法被です。法被はもともと作業着でした。昔は御柱の年に法被を新しくして、次の御柱までは仕事着としてボロボロになるまで着ていたそうです。今の法被は祭り衣装。諏訪地方では茅野市（地区の法被のみ）以外の5つの市町村に、それぞれの法被があります。そのほか、地元の地区・町内

会の法被、さらにお役目ごとの法被もあるんです。お役目ってなんでしょう？わかりやすいところでは、木遣り師・ラッパ隊・長持ちなど。そのほかに、大総代、斧（よき）、元綱（もとづな）、梃子（てこ）などいろいろな係があり「○○長」と書かれた法被はあこがれの的（まと）。

とくに法被の数が多いのは諏訪市民といわれています。そこにはこんな理由があります。6市町村のうちで諏訪市だけが上社と下社に分かれます。そこで諏訪市の法被を統一法被とよぶようになりました。諏訪市では御柱ごとに法被を新調することが慣例になっています。

歴代の法被に詳しい諏訪市清水町の「かねさ呉服店」店主の林訓久（のりひさ）さんにお話をうかがいました。統一法被の歴史は染め方の歴史。藍染→硫化染→顔料染→反応染と変わってきたそうです。法被の色に合わせて、祭り支度（したく）を考える人もいて、こだわる人はとことんこだわるとのこと。

4月の山出しを終えると5月は里曳（さとび）き。「人を見るなら諏訪の御柱！」と言われるほど多くの人でにぎわいます。華やかな里曳きでは、氏子の皆さんの法被や祭り支度にも注目してみてください。

〈調査隊員：土橋桂子〉

信州うわさの調査隊II

えっ！飯田の御柱は登っちゃうの？

御柱というと木落としが有名ですが、飯田市には木が登っていく御柱もあるんです。それも、はんぱじゃないところを登っていくんです！

報告書 No.044

2016年4月7日放送

　諏訪ばかりでなく、長野県の各地でおこなわれている御柱。もちろん、伊那谷でもいくつかの地区で、御柱祭がおこなわれます。そんな御柱で「木落し」ならぬ「木登り」があるそうなんです。そう、木が登っていく御柱があるんです。それがまたはんぱじゃない登りらしいんです。

　ということで、今日は飯田市にある飯沼神社に調査に出かけました。神社に来ていた方にお話を聞くと「ここを登るなんて信じられない」なんて言葉も出るくらい。奥に見える階段は上が見えま

せん。階段の真下に来ても、上が見えない。この階段、全部で300段。しかも、かなり急です。この上に飯沼神社があります。飯沼区長の櫛原利喜夫さんによると、長さ16m60cm、重さ4.5tの御柱が、この階段を2本登るそうです。

引っ張り上げるためには、御柱の先に目通し穴という穴をあけて、そこに何重にもワイヤーと藤蔓を通すのだそうです。ワイヤーだけでなく藤蔓をつけるのは、昔からの習わしで、かつては、藤蔓で引いたということでした。便利なワイヤーをつけたとしても、藤蔓ははずせないそうです。さらにその先になが～い綱がつけられて、その綱からたくさんの細い綱が出て、引き手それぞれが引っ張れるようになっているようでした。引き上げはとにかく勇壮！木遣りと消防ラッパのかきたてる熱気。本当に「一致団結して」という言葉がぴったりの「よいしょ！よいしょ！」の掛け声。300段の階段の下から上まで、この御柱を引く人で埋め尽くされます。柱は動き出すまでがたいへんなようですが、いったん動き出すと、ジリジリと上に上がっていきます。氏子と観客の皆さん、全部合わせて600人ほどの力を結集して、1時間ほどで登るんだそうです。

御柱の当日は8時に、神社から1kmほど離れた場所からの里曳きが始まり、神社到着と同時に御柱が登り始めます。どなたでも参加ができるそうですよ。〈調査隊員：西村容子〉

諏訪大社下社の神様は年に2回引越しする？

年に2回も引っ越す神様は、全国的にもめずらしいそうです。諏訪大社の神様はいつ、どうやって引っ越すのでしょうか。

報告書 No. 045

2016年4月8日放送

　まずは、諏訪大社の説明を少し。諏訪大社は4つのお宮の総称だということをご存知ですか？上社に本宮と前宮、下社には秋宮と春宮があります。

　下社の神様、4月は春宮にいらっしゃいます。下社の神様は2月1日から7月31日までは春宮に、そして8月1日から翌年の1月31日までは秋宮にいます。つまり、春のお住

© 諏訪大社

まいだから春宮、秋のお住まいだから秋宮ということです。

　諏訪大社の下社の神様は、年に２回お引越しをします。お引越しをする神様は全国的にもめずらしいそうです。でも、神様はどうやってお引越しをするのでしょう。元諏訪湖博物館館長宮坂徹さんに教えていただきました。お引越しの日程は毎年同じ。２月１日と８月１日で、どちらも正式には遷座祭（せんざさい）というそうです。御霊代（みたましろ）を乗せた神輿（みこし）が行列に守られながら２kmの距離を移動します。神様の進み方には特徴があるそうです。とにかく「真っすぐに進む」そうで、御霊代を乗せた神輿だけが、神楽殿（かぐらでん）や下馬橋（げばはし）を通ることができます。担当する氏子のことを御頭郷（おとうごう）とよびますが、どの地区にとっても10年に１度回ってくる大役です。ちなみに平成28年の御頭郷は茅野市のちの・宮川の皆さんです。２月１日は行列だけでおこなわれるため、通称ひっそり祭りともいうそうです。ひっそりといっても200人余りの行列ですが。

　それに対し、８月１日の遷座祭（せんざさい）は神輿のあとに大きな柴舟が曳行（えいこう）されるため、「お舟祭り」の名前で知られています。

お舟祭りの御頭郷が御柱祭の年に重なるのは、30年に１度とのこと。そのため平成28年のお舟祭りは例年にも増してにぎわいました。

〈調査隊員：土橋桂子〉

信州うわさの調査隊 II

上田高校には「七不思議」がある?

歴史あるところに不思議あり。伝統ある名門校、上田高校にもたくさんの不思議が伝えられています。今回はそんな七不思議を取材してきました。

報告書 No.046

2016年4月11日放送

　上田高校といえば、長野県の伝統ある名門校の１つ。伝統と由緒ある地に立つ上田高校は校内至るところが文化財、そしてうわさの宝庫です。この伝統の高校に今も伝わる「不思議」を調査しました。

　まずは上田高校OBでもある内堀繁利上田高校校長に、高校の歴史からうかがいます。「校門は当時の上田城三の丸藩主居館表御門を継承しています。明治８年創立の第16中学区予科学校が起源で、明治26年に前身となる長野県尋常中学校上田支校となり、その後に現上田藩主居館跡に移転、明治33年に独立して長野県立上田中学校となり、平成28年創立116年を迎えます。表御門はわが校のシンボル「古城の門」として愛されております。門は寛

政元年(1789)焼失、翌年再建されたもので、築226年です。東京大学の赤門と同じ薬医門という形式で、赤門より37年早く建造されたというのは自慢していいかなと」。

では上田高校七不思議、古くから伝わる不思議な言い伝えを内堀校長にお聞きします。「敷地内の古井戸が上田城や太郎山に通じている、学校の堀でナマズを見つけたら成績が上がるなど、今でも生徒の間で言い継がれていることがあります」。いい感じですね。「古城の門の蹴放(けはなし)をまたぐと気合いが入るといわれています。そこをまたいだ瞬間に異空間に入るということもありますが、そうやって自分自身に暗示をかけ学業に身が入るようにした。そのことを先輩たちが言い伝えることで後輩たちをそう仕向けたのかもしれません」。

最後にもう1人の上田高校OB、上田市教育委員会文化財保護担当係長の和根崎剛さんの証言。「夜、学校に泊まることがあったとき先輩から、『生物?化学?の先生が自ら実験台となり全身ホルマリン漬けの標本になった。その標本が学校のどこかに置いてある』と聞かされ、それが今でも記憶にあります。また学校を取り巻くお堀には、戦国時代の武士の骨が埋まっている、という話も……」。なにはともあれ、よき伝統あるところによき伝承あり。学校に七不思議が残るということがスゴイ!

〈調査隊員:根本 豊〉

中野市のラーメンを引き立てる意外なものとは?

ラーメンを引き立てるものはいろいろありますが、中野市のラーメン店には小学生が手づくりしたものがあるのです。それはいったいなんでしょう?

報告書 No. 047

2016年4月12日放送

　ラーメンは好きですか?ラーメンを引き立てるものといえば、豚骨(とんこつ)なら高菜・紅ショウガ、醤油ならネギ・玉子。味噌なら……、味噌を小学生が作ったりして?ありそうですが今回のものは、も〜〜っと意外なものです。

　それがあるのは信州中野インターからまっすぐの志賀高原に向かう道沿いにある中野市のラーメン店、そうげんラーメンです。こちらに小学生手作りの意外なものがあるとの情報を得たので、さっそく行ってみました。それは、なんなのでしょうか?

　そうげんラーメン店長の有賀邦宏(くにひろ)さんにお聞きしました。小学生が手作りした意外なモノとは、なんと!クロスカントリーのスキー板10本で作ったベンチだったのです。

[100]

中野市のお隣の山ノ内町の小学校では、冬の間、クロスカントリーの授業があります。1年生からずっとなので、高学年になるにつれて使

えなくなるスキー板が出てきます。この長年使ってきた思い出のスキー板をなにかに利用できないか？ということでベンチを作って、それを多くの人が集まる場所に置いて山ノ内町のPRに利用しちゃおう。そんな発想で作られたものなんです。置く場所に選ばれたそうげんラーメン店はインターの近くですし、県内外から訪れるお客さんの目にとまります。同店従業員の娘さんが、山ノ内東小学校6年1組だったときに、設置されたとのこと。

じゃあいったいこのベンチ、どんな座り心地なのか？お尻は痛くないでしょうか、座ってみました。すると、なんだか子どもたちの思いも一緒に伝わってくるような、座り心地のよいベンチでした。

山ノ内町東小学校6年1組の皆さんはこの春から中学生。小学校時代のすてきな思い出になったのではないでしょうか。お客さんの中には欲しいとおっしゃる方もいるそうです。

〈調査隊員：竹井純子〉

松本市はかり資料館裏庭の建物には秘密があった!

蔵の町にある木造のような建物。でも、この建物はすごい建物だったのです。その秘密を調べてきました。

報告書 No.048

2016年4月13日放送

　松本市中町通りは、蔵の町として有名で、週末になると多くの観光客でにぎわいます。ここに、はかり資料館という土蔵造りの資料館がありますが、この資料館の裏庭にある建物が、じつはすごいらしいんです。

　一見すると「なんで?」って感じですが…。蔵の町だというのに木造のような建物だし。はかり資料館の矢口恵子さんにうかがいました。「松本市の材木問屋である三松屋さんの4代目当主・三原九馬三郎さんが建てた明治時代の建物です。文明開化の往時、松本の商人が近世の伝統と文明開化の意匠を巧みに取り入れて建てた、貴重な歴史的建造物なんです。ぜひ後世に遺したいという声が多く、蔵のあるまち・中町に移築しました」。特徴は西洋建築に由来する

形ながら、和風の要素が混合された擬洋風建築にあるそうです。「これを建てたのは、重要文化財に指定されている旧開智学校などを手がけた松本の建築家、大工の棟梁(とうりょう)、立石清重です。清重は明治27年、この建物を建ててすぐ65歳で亡くなっているので、最晩年の清重の集大成といわれています」。

現在は建物内部も一般公開されています。1階は天井が低い、数寄屋(すきや)造りの茶室を備えた純和風。2階に上がると天井がぐっと高くなって、雰囲気もがらりと変わります。全体がアールヌーボー風のシックでモダンな洋風のお部屋なんです。「ランプのまわりの唐草模様や板ガラス、そして釘1本に至るまで、すべて輸入品だそうです。立石清重のこだわりが随所に見られます。そして、これを建てた三原九馬三郎さんの財力も、推しはかることができるのではないでしょうか」。

この建物、外観は木造に見えます。蔵の町なのに木造の建物?「この建物は土蔵造りです。漆喰(しっくい)の劣化を防ぐために蔵の外側に板を張ってあるんです。当時松本は、町の多くが焼失するほどの大火が何度かあったんです。なので、この板は火事で燃えてしまわないように、1枚はずすと全部の板がはずれる仕組みになっています」。三松屋蔵座敷、じつはすごい建物でした!

〈調査隊員:塚原正子〉

茅野市には6年に2日しか入れないお風呂がある!?

6年ぶりにお風呂が登場したのは平成28年4月3日と4日。そうです、そのお風呂は御柱祭と関係のある、とってもレアなお風呂なんです。

報告書 No. 049

2016年4月15日放送

　諏訪大社の上社山出しのゴールとなる御柱屋敷が茅野市安国寺にあります。そのゴールの直前にある見せ場が宮川の「川越し」です。お風呂はその茅野市安国寺の「ちの自動車センター」の洗車場にあります。

　この宮川は、御柱を渡しやすいように川底をかなり深く掘ってあります。その場所に入ると当然のことながら頭の先まで水に濡れてしまうんです。春とはいえ八ヶ岳の雪解け水。平成28年は13℃と比較的温

かかったのですが、過去には、雪が舞う中の川越しもおこなわれているくらいですから……。

水に濡れ寒さに震える氏子のために、安国寺の地域の皆さんは自宅のお

風呂を開放してきた歴史があるそうです。しかし、新しい家が増えてくるとそれも負担になってくると思いませんか？そこで上社の御柱祭実行委員会が平成10年の御柱のときから、ちの自動車センターの洗車場にお風呂の設置をお願いするようになりました。浴槽には毎回苦労してきたそうですが、今回は同センターが保管も担当することになり、新たなものが作られました。縦1.5m、横3.5m、深さ0.9mほどの浴槽には3000ℓほどのお湯が入ります。

そのお湯はというと、茅野市の芹ケ沢にある温泉スタンドからタンクローリーでのべ3回運び込みます。2日間だけのお風呂は温泉なんですね。この温泉、男性限定なんですが、入浴した氏子さんに聞くと「身体が温まってこのあとの作業がしやすくなるからとても助かる」と答えてくれました。

お風呂が次に登場するのは平成34年の4月。浴槽を保管するだけでもたいへんだと思うのですが、ちの自動車センターの鎌倉健二社長は「御柱に裏方はつきものだから…」と笑顔で語ってくれました。

〈調査隊員：土橋桂子〉

飯田市にある赤いものは日本に3つしかない？

かつては幕府の許可がなければ作れなかった赤いもの。その歴史には先人たちの知恵が隠されていました。

報告書 No. 050

2016年4月21日放送

　飯田市にある赤いもの。それは、桜丸御殿址のヒガンザクラ（夫婦桜）の開花に合わせて開門される「赤門」です。

　まずは、この「日本に3つ」は本当なのでしょうか？飯田の歴史に詳しい飯田市美術博物館の歴史の評議員で、橋南公民館の今村光利さんにうかがいました。今村さんによると、お寺などの赤門は全国に数多くありますが、お城に作られた赤門で現存するものは、東大の赤門（加賀藩前田家上屋敷の御守殿門）、飯田の赤門、佐賀県の鹿島城赤門（現鹿島高校校門）の3つしかないとのこと。「日本に3つ」は本当だったんですね。

　この赤門の由来は2つの説があります。1つ目の説は、徳川家康と織田信長の孫娘である福姫様の飯田藩主小笠原

秀政への嫁入りで作られたというもの。戦後になって流布した説らしいのですが、赤門創建年代と福姫様の嫁入りとに150年もの開きがあります。

2つ目の説は飯田藩堀家10代目堀親蕃(ちかしげ)が、徳川幕府の側用人、老中という要職を務めて、その功績が認められ門を赤く塗ることを許されたというもの。この説は私も調査中に何度か耳にしたものでした。でも今村さんは、「功績が認められて、赤門が作られることはありません」とバッサリ。そうすると飯田で語られている史実はすべてウソということになってしまいます。

あらためて今村さんにお話をうかがうと、柳沢吉保の孫娘が堀親長のところへお嫁にきたときに作られたのではないかとのこと。では、どうしてその説が歴史の表に出ないのでしょう。それは堀親長がとてもおこないの悪いお殿様だったからだというのです。お女中さんに手を出したり、飢饉のときに農民を心配しなかったり、筆頭老中がいさめるために自害までした殿様だったそうです。

それを公にしないですむように、赤門の本来の由緒は表に出なかったのではないでしょうか。赤門を守るために考え抜かれた先人の知恵と思えば、赤門がいかに飯田の人たちに愛されてきたのかがわかります。〈調査隊員：西村容子〉

日本最古の天体望遠鏡が上田市立博物館にある？

世界最高水準の日本の望遠鏡技術。そのルーツとなる日本最古の天体望遠鏡があると聞き、上田市立博物館に行ってきました。

報告書 No. 051

2016年4月25日放送

今をさかのぼること約400年の昔、オランダのメガネ屋ハンス・リッペルスハイが、2枚のレンズを組み合わせると、遠くにあるものが近くに見えることに気づきました。望遠鏡の発明です。その翌年にはイタリアのガリレオ・ガリレイが望遠鏡を初めて天体に向けました。ガリレオ式とよばれる天体望遠鏡の誕生です。

日本ではどうだったんでしょうか？その発展の鍵をにぎる望遠鏡が、なんと上田市立博物館にあるのです。館長の倉澤正幸さんに話をお聞きしました。「ここには歴代上田城主、真田・仙石・松平氏の貴重な甲冑（かっちゅう）や具足（ぐそく）、史料などが展示してありますが、日本最古の天体反射望遠鏡もあります」。目の前には日本最古の反射式天体望遠鏡がありま

した。「これは天保5年（1834）、近江の国（滋賀県）の鉄砲鍛冶で発明家でもあった国友藤兵衛・一貫斎が作ったものです。江戸時代、いわゆるグレゴリー式望遠鏡を見て独力で作った国産最初の反射式天体望遠鏡で、現存4基中でも最古の貴重な物です」。

　滋賀県の国友が作った望遠鏡がなぜ上田市にあるのでしょうか？「食いぶちに困った国友一貫斎が天保年間（1830～44）に諏訪の高島藩に買い上げてもらい、明治維新後、何人かの所有者の手を経て、昭和12年に上田市に寄贈されました」。そんな200年も前の反射望遠鏡が、現在でも使用に耐えるというから驚きです。真鍮製の独特の光を放つ望遠鏡を目の前にすると、江戸時代の発明家の心意気がビンビン伝わります。

　さて、太陽系の9番目の惑星といわれていた冥王星が準惑星に格下げされてから、太陽系には惑星が8つしか存在しないものと考えられてきました。しかし、平成28年1月、太陽系の最外縁部に未知の巨大惑星が発見され「プラネット・ナイン」とよばれています。国友の望遠鏡では見えませんが、日本の誇る「すばる望遠鏡」などでは見えるだろうといわれています。日本の望遠鏡技術は世界最高水準。そんなすばらしい日本の望遠鏡のルーツは国友藤兵衛・一貫斎にあったのですね。〈調査隊員：根本　豊〉

山ノ内町には変わったカレンダーがあるって本当?

ちょっと変わったカレンダー、変わっているのはデザイン?形?写真や絵?でしょうか?実際はどんなカレンダーでしょう?調べてきました。

報告書 No.052

2016年4月26日放送

　カレンダーを作ったのは山ノ内町のお母さん方と、ＪＡ志賀高原女性部の皆さんです。それは構想2年、時間と手間をかけた山ノ内町の魅力がギュッと詰まったカレンダーです。

　お話はＪＡ志賀高原女性部のメンバーでカレンダープロジェクト発起人の池田元子さんです。「隣のおばちゃんには聞けても、今さらお義母さんには聞けないことなんかが書かれています。たとえば年間の行事、風習。季節の料理や郷土食のレシピ、方言も載っています」。このカレンダー、曜日が書かれていません。これによって、万年カレンダーとして利用できます。日記のように、またわが家の記録簿としても使ってほしい、そんな願いがこもったカレンダー、その名も「おらほのくらし」カレンダーです。

なんといっても目をひくのは季節のお料理。重点的に盛り込まれています。このお料理についてメンバーの望月美和子さんにお話を聞きました。「お料理・郷土食はその家その家で、味も作り方もさまざまです。今では、もうどっぷり山ノ内町民の私ですが、長野市から来たころは1から覚えることがあり苦労しました」。

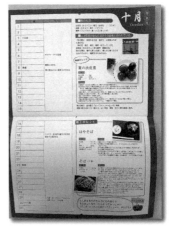

そんなときでも基本となるレシピが、カレンダーのように目にとまりやすいものに書かれていたら便利ですよね。それにこれで郷土食を作る人も増えたらすてきです。

　また、カレンダーに載っている方言について、県外からお嫁にきた小嶋恭子さんにお話をお聞きしました。「県外から来た人には山ノ内はわからない方言だらけ。このカレンダーを実家の母にも送ってあげました。よりコミュニケーションがはかれるようになればと思っています」。

　発起人の池田さんは、山ノ内町生まれですが、息子さんのお嫁さんと話していると伝わらないこともあり、息子さんに方言を通訳してもらうことも。だからこそ、若い人にこそこのカレンダーで山ノ内のことをいろいろ知ってもらいたい、カレンダーを利用してほしいそうです。山ノ内町のカレンダーは、山ノ内のお母さんの知恵と愛がこもったすてきなカレンダーでした。

〈調査隊員：竹井純子〉

信州うわさの調査隊 II
松本のデパート屋上で飼育しているものってなに?

それは、むやみに近づいてはいけない生き物らしいのです。危険なものなのでしょうか?いえいえ、とても人間の役に立つ生き物を飼育していました。

報告書 No. 053

2016年5月4日放送

むやみに近づいてはいけない生き物、つまり危険ってこと?ちょっとドキドキしながら、調査に行ってまいりました。

松本駅前、井上という老舗のデパート。許可をいただいて屋上へ上がってみると白い箱が5つ。屋上で飼育しているものとは、ミツバチでした!これは平成27年秋から始まった「松本みつばちプロジェクト」の活動です。井上デパートと、蜂蜜製

造会社の信州蜂蜜本舗の共同企画で、井上デパートの屋上にミツバチの巣箱を設置しているんです。株式会社井上の常務、井上博文さんにうかがいました。「2～3年前から屋上養蜂がさかんになっているようなんですね。それを知ったとき、わくわくが止まりませんでした。うちの屋上でもできるならばと、平成27年の秋から始めました」。平成27年は収穫した蜂蜜を使い、街のいろんなお店から協力を得てレアチーズケーキ、ハニーカステラ、はちみつキャンディーなどを商品化。大好評で手に入れることができなかった方もいたそうです。

　平成28年は巣箱を前年の3箱から5箱に増やし、約10万匹のミツバチを飼育しています。採蜜量も増える見込みで、さまざまな商品を企画中。子どもたちを対象に採蜜体験会も予定しているそうです。「プロジェクトの目的は、街を元気にすること。ひとつは、蜂蜜を使ってさまざまな商品を作り販売していく。それによってお店や企業が元気になっていったらうれしい。もうひとつは、多くの子どもたちに採蜜体験をしてもらって、環境やミツバチの生態、自分たちが住む街の自然について、考えるきっかけにしてもらいたい。そんな想いで採蜜を楽しみにしています」。

　じつはミツバチはおだやかな性格で、自分から攻撃してくることはあまりないそうです。街で育った「街っ子」のミツバチが集めてくる蜜は松本の街ならではの味。そして、子どもたちに養蜂や採蜜の体験をしてもらうことで、このプロジェクトの想いを次世代につなげていけたら、すてきだと思います。

〈調査隊員：塚原正子〉

神社で酒盛り!「天下御免のどぶろく」とは?

その酒盛りは、なんと鎌倉時代から続く歴史あるお祭りでおこなわれるもの。では、なぜ天下御免なのでしょう?神社のある茅野市へ行ってきました。

報告書 No. 054

2016年5月6日放送

　茅野市の本町にある御座石神社。この神社では毎年4月27日に「どぶろく祭り」がおこなわれます。お祭りの由来を有賀寛典宮司にお聞きしました。「御座石神社の祭神、高志沼河姫命が、狩りに来た息子の諏訪大社上社祭神の建御名方命を手製のどぶろくとウドの粕和えと鹿肉でもてなしたことが由来となっています」とのこと。このお祭りは鎌倉時代から続くといわれ、茅野市の無形文化財に指定されています。曜日にも天気にも関係なく、かならず4月27日に開催されます。

　なぜ「天下御免」といわれるのでしょうか?日本には酒税法があり、許可なくどぶろくを製造すると法律違反になります。しかし、御座石神社では税務署の許可を得て、堂々

とどぶろくを作ることができるので「天下御免のどぶろく」といわれるようになりました。では、誰がどぶろくを製造するのでしょうか？それは「どぶろく当番」とよばれる地区から選ばれた3人です。今年のどぶろく当番は、平出金良さん、細田孝司さん、上松正美さん。3月下旬から本格的な作業に入りました。地元の蔵元から技術指導を受けていて、日に何度もどぶろくの温度を測り、蔵元さんに報告しながら管理を続けます。社務所には10日ほど泊まり込んだとのこと。おいしいどぶろくを仕込むために気を使う日々が続いたようです。お祭り当日は午前中にいくつもの神事が続き、午後から区民が待ち望んでいる祝宴になります。どぶろくは黄色のポリバケツに隣組ごとに用意され、酌むためのお玉とともに配布されます。

このお祭りに参加できるのは、旧矢が崎村、現在の本町区の区民だけ。平日にもかかわらず500人ほどが集まりました。乾杯後は車座になり、それぞれが持ち寄ったお料理とともにどぶろくを味わいます。

このどぶろく、飲んでみたいですよね。じつは、一般の人も味見程度なら可能です。神社にお参りして記帳すると、かわらけ（杯）でどぶろくがいただけます。興味のある方は4月27日にどうぞ。　　　　　　　〈調査隊員：土橋桂子〉

佐久市では神様が軽トラに乗ってやって来る?!

神様が軽トラックに乗って地区をまわり、人びとはそれに手を合わせて祈っているらしいのです。そんな佐久市のある地区へ調査に行きました。

報告書 No. 055

2016年5月16日放送

　神様の乗り物といえば、象？馬？炎の車？う〜む、皆さんはなにか思いつきますか？佐久市のある地区の神様の乗り物は「軽トラ」です！軽トラックに神様が乗って、春と秋の年2回、地区をおまわりになるというので調査に行ってきました。

　たどりついたのは佐久市内山地区。神様がちょうど軽トラに乗り込んで神社を出発するところでした。先頭には禰宜(ねぎ)さん、そのあとを宮司さん、氏子の皆さんがついていきます。私は先回りして地区内で待っていると、来ました!!軽トラックに載っているのは3mほどのお船です。そうです。じつは、神様がお乗りになっているお船を軽トラに載せて走っていたのです。

このお祭りは佐久市内山地区の荒船山神社の「お船祭り」。大間にある里宮から相立にある遥拝殿まで、神様がお船に乗って内山地区をま

わります。荒船山神社の本殿は荒船山の山頂にあります。山頂に水をたたえる山で、村人はこの水の恵みを受けながら生活してきました。自然の恩恵に感謝するこのお祭りですが、文献が残っていないため、いつ始まったのかはわからないそうです。お船には車輪がついていて、昔は人の手や馬で引いていたとのこと。戦後、引き手不足になり軽トラックでのお船巡行となったのだそうです。

里宮を出たあと、神様は軽トラックに乗って内山地区内の5か所に停まりながら遥拝殿まで進みます。各地区では皆さんが今か今かと待ち構えていて、多くの方が船に向かって祈っています。

今回特別に寄った場所があります。内山保育園です。平成29年、隣の地区の保育園と統合されるため、内山保育園は平成28年が最後になるそうです。「内山地区に伝わるお船祭りをぜひ子どもたちに見てもらいたい」と、保育園にも停まりました。遠くからお船を見つけた子どもたちは「あっ、お船が来た！」と、うれしそうでした。

この伝統のお祭りを存続させるためにも、子どもたちの記憶に残ってくれるといいですね。　〈調査隊員：斉藤美穂〉

中野市役所は毎週火曜日に華やかになる？

市役所が華やか？なぜ華やかなの？市役所に来た皆さんが、淡いピンクとか春らしいとかおっしゃいます。その理由を調べてきました。

報告書 No. 056

2016年5月24日放送

　毎週火曜日、つまり調査チャンスは週に1度。本日は火曜日、さっそく今朝、中野市役所に行ってきました。

　市役所庁舎から出てきた皆さんに、庁内の様子や感想を聞いてみました。皆さん口々に「華やか」「淡いピンク」「とっても春らしい」「中野らしい」「女性の笑顔が引き立つ」などとおっしゃいます。さっそく私も中に入ってみました。

　入った瞬間、わかりました。毎週火曜日、市役所を華やかにしていたのは、首元に中野市産

のシャクヤクで染めたストールを巻いて、来庁者を迎えていた市役所の女性職員さんたちです。

シャクヤクの花言葉は「内気・恥じらい・はにかみ」。夕方になると花びらを閉じるので、「恥じらい」の花言葉になったといわれています。また、「立てばシャクヤク、座ればボタン、歩く姿は百合(ゆり)の花」と昔から中澤さんのような美人をあらわす花とされています。

そもそも、なぜこのシャクヤクストールを着用するようになったのでしょうか？お話は、中野市役所市民課の久保英梨香さんです。「中野市はシャクヤクの生産量日本一。平成22年の調べですが、全国生産量631万本のうち長野県で318.9万本。さらにそのうち中野市で176.7万本を生産しています。昭和59年に中野市の花が制定され、シャクヤクは市花になりました。現在は、シャクヤクとバラが市花になっています」。

シャクヤクの出荷時期に合わせて6月21日まで、毎週火曜日にシャクヤクストールを着用しているそうです。このプロジェクトは4年前に始まったのですが、シャクヤクを使って染めるには高い技術を要するため、職人さんがわざわざ京都まで出向いているそうです。

この時期、「市役所に行くなら火曜日」という市民の方も多いようです。

〈調査隊員：竹井純子〉

進化する獅子舞!あれ?その頭は獅子じゃない!

獅子頭ではなく、牛頭?それは常に進化を続ける阿智村の新しい伝統芸能だったのです。

報告書 No. 057

2016年5月26日放送

　その獅子は阿智村にいると知り、さっそく獅子舞の練習がおこなわれているという場所におじゃましました。

　まず、とっても勢いのあるお囃子に感動です。女性の多さにも驚きました。今までの獅子舞とはちょっと雰囲気が違います。そして、頭は獅子ではなく牛なんです。その名も「阿智黒丑舞」。この頭の売りは立派な角と牛タン!牛の頭を作ろうと決めてから、牛を飼っている農家で観察を続け、いつでも舌を動かしている様子を見て「この舌だけははずせない」と、立派な舌を作ることになったそうです。

　そもそも、獅子舞とは五穀豊穣、商売繁盛などを祈願して神社に奉納することが多いのですが、この黒丑舞は違います。黒丑舞保存会の原栄二さん、加藤木朗さん、事務局

の安藤敏彦さんにお話をうかがうと、「阿智には黒毛和牛の肥育農家が多いのだから、牛肉の文化を伝統芸能で広めよう」と思ったとのこと。発起人には、肥育農家、飯田の肉屋さんなどが名を連ね、伝統芸能とはちょっと異なる感じです。でも、伝統芸能を舞台芸能として発展させ、国内外で活躍している加藤木朗さんがこの黒丑舞を監修しているので、伝統芸能としての揺るぎない土台の強さを感じさせます。

また、この黒丑舞は常に進化しているそうです。最初は、南信州の屋台獅子と同じように幌をかぶっただけの獅子でしたが、背中をパカッと開け、その上に人が乗って太鼓をたたけるようにしました。さらに遠くからでも獅子が見えるように、頭が天高く上がるという、これまでにない動きも加えました。舞の最後には「宝投げ」といって、お菓子を見物客に振る舞うという気配りも。自分たちが「これやったら楽しいかも」を、すべて実現してきました。「黒丑舞は平成8年誕生で、長老とよばれる人がいません。だから、思い通りのことができる」と、3人とも口々に語ってくださいました。

伝統芸能も、その昔「やってみたい」から始まって、楽しいものだけが残ってきたのではないでしょうか。黒丑舞に伝統芸能の原点を見るようでした。〈調査隊員：西村容子〉

諏訪で誕生した吹矢が注目を集めているらしい。

その吹き矢の特徴は安全性の高さ。それを活かして、いろいろなところでおこなわれ、今では海の向こうでも注目されているらしいのです。

報告書 No.058

2016年6月3日放送

　その注目を集めている吹矢を、諏訪湖畔のイベント会場で見ることができると聞き、行ってきました。
　そこで目にしたのは、刺さらない吹矢「マグネット吹矢」というものでした。マグネット吹矢を考案した日本マグネット吹矢協会理事長の藤森常昭さんにお話をお聞きしま

した。先端が吸盤式になっている吹矢を友人から紹介された藤森さん。吸盤ではくっつかずに落ちてしまうことも多いため、先端を磁石にすることを思いつ

きます。藤森さん、もともとはアルミニウムのコーティングをするアルマイト処理の会社の創業社長。吹矢の筒を最初に見たときに「これはうちの会社で簡単に作れる」と思ったそうです。思いついたら、実行あるのみ。何度も改良を加えて今のかたちにしました。マグネット吹矢の一番のメリットは安全性にあるそうです。実際に検証しても、当たったところが赤くなる程度だということ。その安全性を活かして、学童保育や介護施設などでおこなわれています。

マグネット吹矢を普及するための指導者、インストラクターが現在 20 数名います。その 1 人、名取悦子さんに、出会ったきっかけや魅力をお聞きしました。名取さんご自身が大病を患ったあと、マグネット吹矢と出会ったことで体力が戻り、すっかりはまってしまったとのこと。2 歳のお孫さんとも楽しむそうです。魅力は的に当たったときの「ピシッ!」という音だと話してくれました。この日、初めてマグネット吹矢を体験したという小学生と 50 代後半の女性に感想を聞きましたが、「思ったより簡単」「 楽しい」と話されていました。

このマグネット吹矢、いま台湾でも注目を集めています。きっかけはインターネットで見つけた方が注文してくれたことでした。いまでは毎年、障害者の皆さんの大会がおこなわれており、藤森さんも駆けつけているそうです。藤森さんの夢は全部の小学校にこのマグネット吹矢が普及すること。70 代半ばを過ぎて、ますます意欲的に活動する姿、元気な声にパワーをたくさんもらいました。

〈調査隊員:土橋桂子〉

上田には外国じゃないのに時差のある地区が?

集合時間ぴったりに行ったら、もう終わっていた? やはりここは特別なタイムゾーンが? その真相を調べてきました。

報告書 No. 059

2016年6月6日放送

6月10日は「時の記念日」です。今回は時間に関するうわさを調査してきました。上田市のある地区には、外国でもないのに時差があるらしいのです。やってきたのは上田市西部、秋和という自治会です。秋和の皆さんが集まると聞いていた場所へ行くと、朝5時半集合のはずなのに、もう皆さんお帰りの時間。本当に時差がありました!

集合場所の愛宕神社周辺には、薄暗いうちからたくさんの自転車や軽トラックが停まって

いました。この日は愛宕神社のお掃除の日。秋和全戸の人が清掃にやってきます。指定された時間よりもずっと前に箒(ほうき)などお掃除の道具を持った方々が集まり、手際よく掃除をすませて本来の集合時間である5時半には、皆さんお帰りです。この時間のズレはいったいなんなのでしょう!?秋和の皆さんにうかがうと、口をそろえて言います。「秋和時間だよ」。やはり、ここは特別なタイムゾーン？

　いろいろお聞きするうちに、秋和時間とはなにごとも30分早いというルールのようなものだとわかりました。30分前行動。ビジネスマンにはぴったりの秋和時間ですね。しかし、回覧板や掲示板などに書かれている集合時間までも時差があると困りますよね。そのとおりに行くと恥をかくわけですから。さらに調査を進めていくと、秋和時間について新たな見解が出てきました。「なにごとも」ではなく、「お祭りだけは秋和時間」という見解です。じつは、この全戸参加の神社の清掃は春と秋の2回、お祭りの日におこなうのだそうです。石段下に立つのぼり旗の柱は、かつては丸太で、それを秋和の上組、中組、下組の当番制で少し離れた場所にある秋和公会堂から運んできていたのだそうです。「自分の組が柱を立てるのが遅いと恥になる」ということで、どんどん予定の時刻より早く集まるようになったのではないかというのが、新たに見えてきた説です。

　昔と比べると、だんだんと時間どおりになってきているとのお話で、秋和の時差はだんだんと小さくなってきているのですね。その地区ならではの時間って、探せばけっこうあるのかもしれません。　　　　〈調査隊員：斉藤美穂〉

上田市には上田城のほかに変わった櫓門がある？

上田市の櫓門（やぐらもん）といえば上田城が有名ですが、じつはもう１つ、とても変わった櫓門があるのです。その櫓門には、ある秘密がありました。

報告書 No. 060

2016年6月13日放送

　上田市の上田城跡公園上田城の櫓門（やぐら）は、連日観光客でにぎわっているスポットですが、上田にはもう１つ人気の櫓門があるのをご存知でしょうか？その櫓門は、かなり変わっているらしいのです。

　場所は上田市上塩尻の菅沼モーター工業株式会社の敷地内です。白い城壁に瓦屋根（かわら）。屋根にはシャチホコもついています。横には六文銭に「信州上田」の文字も見られます。かなり立派な櫓門。でも変わっているようには見えません。さっそく、同社菅沼会長にお話をうかがおうとしたところ、「この櫓に関しては信濃町に聞きにいってください」とのこと。今度は信濃町にある株式会社ＧＢホールディングスという会社のグリーンビズ牧場にやってきました。小屋が

並んでいて、中を見ると真っ白なヤギさんが70頭ほど。

こちらの会社ではさまざまな事業のうち、環境関係の事業の1つとして「ヤギ事業」があるのだそうです。かつて長野県では多くのヤギが飼育されていたことに注目し、6年ほど前にヤギプロジェクトを立ち上げたそうです。現在は真っ白で人なつっこい「しなの雪姫」というヤギブランドで地域貢献を目指しています。ヤギと櫓？どうつながるのでしょう？

じつは菅沼モーター工業にある櫓門の正体は、ヤギ小屋なのでした。上田城跡公園に行った際に「こんなヤギ小屋があったらおもしろいよね」と思い、櫓門の格好をしたヤギ小屋を造ったのだそうです。菅沼モーター工業では3年前からグリーン電力を使用したCO^2の見える化というシステムを導入し環境に配慮しています。そうした環境保全の一環としてヤギを飼育するグリーン地帯を設けているのだそうです。近くに寄るとヤギも近づいてくる、本当に人なつっこくてかわいらしいヤギなので、近所の子どもたちにも大人気なのだと、菅沼会長もニコニコ顔で答えてくださいました。

〈調査隊員：斉藤美穂〉

諏訪清陵高校でお昼休みに生徒がすることはなに？

諏訪清陵高校といえば、日本一長い校歌で有名です。それを覚えるために、生徒たちはお昼休みも練習にはげんでいるのでした。

報告書 No. 061

2016年6月17日放送

　平成27年、創立120周年を迎えた長野県諏訪清陵高校の校歌は日本一長いことで知られています。全部で18番まであるため、全部歌うと昔は15分くらいかかったそうですが、最近はテンポが早くなっているため10分を超えるくらいですむとのこと。学校行事の中で、すべて通して歌うのは年に数回しかないため、始業式におじゃまして、校歌を録音してきました。結果、録音時間は10分37秒でした。

　長い校歌の誕生について、諏訪清陵高校の石城正志校長にじっくりとうかがいました。明治時代、諏訪清陵高校ができてまもないころ。第6代の校友会長（生徒会長のようなもの）中嶋喜久平のときに校歌を作ろうという動きが学生の中から生まれます。その結果、卒業生ではないものの

地域の先輩である伊藤長七に作詞を依頼。さらに中嶋喜久平自身も作詞をしました。それが、現在では第1校歌の「東に高き」(伊藤長七作詞)と第2校歌の「ああ博浪」(中嶋喜久平作詞)として歌い継がれています。第1校歌が8番、第2校歌が10番まであり、続けて歌うと全部で18番になるため「日本一長い校歌」といわれます。校歌を覚えるのはたいへんですよね？なので、生徒はお昼休みに校歌練習をするのです。練習の音頭をとるのは学友会。練習への参加はあくまでも個人の自由、強制されることはいっさいないにもかかわらず、多いときは数百人が練習場所に集まるそうです。

　石城校長に校歌についてうかがいました。「本当に日本一なのかはわからないですが、長いことがこの校歌のよいところだと内部の人間は思っていません。同窓生の絆の強い本校にとって、長くて難しい歌詞の校歌を一緒に歌うことは仲間であることの暗号のようなものだと生徒に話したことがあります」とのことでした。

　まもなく夏の甲子園の県大会が始まります。「日本一長い校歌」を甲子園で聞いてみたいと願う卒業生は多いのではないでしょうか。　　　　　　　　　　〈調査隊員：土橋桂子〉

信州うわさの調査隊 II
山ノ内町には年中足湯につかっている方がいる？

湯どころ山ノ内町には、1年365日、雨の日も風の日も雪の日も、足湯につかっている方がいるそうなんです。それはどんな方なのでしょう？

報告書 No. 062

2016年6月21日放送

　さっそく山ノ内町に行って調査開始です。まず、温泉饅頭(まんじゅう)のお店の方に聞いてみました。「このすぐ上のお寺にいますよ。初めて見たときはビックリしたけどね。かわいくて、見ているこちらがいやされます」お寺にいらっしゃる？ならばご住職？そのお寺、梅翁寺(ばいおうじ)を訪ねてご住職宮澤昭雄(しょうゆう)さんにお話をお聞きしました。「毎日足湯に入っているのは、私じゃありませんよ。お地蔵様です」
ご住職ではなく、お地蔵様でした。
　その名も「湯けぶり地蔵尊」、別名ぴんしゃん地蔵尊とおっしゃいます。全国的にもめずらしい足湯につかるお地蔵様です。まさに湯田中らしいですよね。
　お地蔵様の中でもやや大きめのお身体。座っていても1

m弱です。足を組んだお姿で、片足だけお湯につかっていらっしゃいます。真ん丸なお顔はやや幼く見える、いわゆる童顔のかわいらしいお顔立ちです。頬づ

えをして、肩から手ぬぐいをかけていて、なんともリラックスしたお姿なんです。日本でもっともリラックスしたお地蔵様といってもよいかもしれません。

参拝の作法を記した看板によれば、湯鉢の湯に手ぬぐいを浸してお地蔵様のお身体をなでることで参拝者に効用が伝わり、ぴんぴん・しゃんしゃんになれるそうです。また湯鉢の温泉は源泉からのかけ流しなので「熱いときには備え付けの柄杓をお使いください」とも看板に記されています。

梅翁寺は江戸時代に創建された古刹で、境内にある源泉は創建当時からのものだそうです。私は最近痛むひざをなでて、美肌を期待してお顔も。さらに頭の回転を速くしたいとお地蔵様の頭をなでなで。

お地蔵様と一緒に足湯に入りたいところですが、梅翁寺のお隣には皆さんも入ることができる足湯がありますので、そちらでゆったりといやしの時間をどうぞ。

〈調査隊員：竹井純子〉

伊那の名物ローメンは未完成ってどういうこと?

ローメンをおいしくするのはお客さんしだい？人それぞれに味が違う？地元の方には常識の新事実を調査してきました。

報告書 No. 063

2016年6月23日放送

　私がローメンを知って、15年になろうとしていますが、じつは去年初めて知ったローメンの新事実があります。地元の方にはどうやら常識で、「新」ではないようなのですが。この定番の新事実を調査してきました。

　ローメンというのは、戦後、綿羊の飼育がさかんにおこなわれていた伊那地域で、羊の肉をなんとかして消費したいという思いから生まれたお料理なのだそうです。キャベツと炒めたマトンに蒸した麺がドッキング。ローメンが生まれました。ローメンには、ラーメン風の汁に入ったローメンと、焼きそば風の汁なしのローメンの2種類があります。

　でも、この2つとも、どの店で注文しても未完成で出てくるというのです。よそから来た人には「ありえな～い」こと

ですよね。

ところが、市民の方に聞くと、皆さん当たり前のように「そういうものですよ」と、未完成品を受け入れていました。そこで、汁なしローメンの代表店・うしおのご主人潮田秋博さんと、伊那ローメンズクラブの牧田淳志さんにお話をうかがいました。「お客様には、店で提供したローメンに、自分でさまざまな調味料を入れて味を付けてもらいます。もし、そのローメンがおいしくなかったら、あなたのせいですよ！」と、冗談まじりに潮田さん。

ローメンのパンフレットには、お店紹介とともに各店にどんな調味料が置かれているかも書かれています。うしおさんには、カレー粉やマヨネーズなどさまざまな調味料が用意されていて常連さんにはなにも言わなくても好みの調味料が出てくるんだそうです。ほかのお店でも、ほしい調味料を頼んでよいとのこと。飲み会の席で締めに食べられることも多く、その味付けの個々の違いで会話に花が咲くといいます。

「ローメンはちょっと苦手」と思っているあなた！あなたは本当のローメンの味を知らないのかもしれません。私は個人的に、「今度、酢、ごま油は絶対入れて調理しよう！」って思いました。　　　　　　　　〈調査隊員：西村容子〉

長野県初の大臣が誕生した家が岡谷市にある?

長野県初の大臣となった弟に続き、兄、その息子と大臣に就任した岡谷市の渡辺家、その偉業をたどりました。

報告書 No.064

2016年6月24日放送

　長野県初の大臣が生まれた家に行く前に、岡谷市長地にある「郷土学習館」を訪れました。すぐそばにある旧渡辺家から出た3人の大臣の偉業をあらためて研究し伝えていくため、地元の皆さんの寄付により平成11年に建てられました。

　旧渡辺家からは、なんと3人の大臣が出ています。渡辺国武は、明治25年、第2次伊藤博文内閣の大蔵大臣を務めています。長野県出身の大臣第1号です。薩摩・長州出身の大臣が多かった時代の就任です。兄の渡辺千秋は、明治43年宮内大臣となり、皇室の財産の整備に尽力しました。千秋の三男で国武の養子となった渡辺千冬は、昭和4年に司法大臣となりました。

郷土学習館から徒歩数分のところに、その旧渡辺家住宅があります。この家は昭和29年に当時の長地村に寄贈され、合併により岡谷市へ移管されました。平成3年の大修理・復元工事ののち一般公開され、県宝に指定されています。

渡辺家は高島藩の散居武士（城下町ではなく在郷の村々に住んだ藩士）でした。修理工事中には壁や襖（ふすま）の下貼りから数千枚の古文書が発見され貴重な資料となっています。それらの資料は郷土学習館の資料室などに展示されています。展示されている資料の中で、とくにお薦めなのが渡辺家から寄贈された屏風です。西郷隆盛、吉田松陰、佐久間象山などの書簡が貼られています。

渡辺家は東京へ出てからも故郷に貢献。地元の長地小学校の土地を購入するときも、多額の寄付をしているそうです。渡辺千秋は伯爵（はくしゃく）になり、東京の高輪に大きなお屋敷を構えました。その広大な土地をトヨタグループが購入。日本家屋は取り壊されましたが、あまり使用されていなかった西洋館は現在、茅野市の蓼科高原に移築され、トヨタたてしな記念館（非公開）となっています。

渡辺家の直系の子孫は誰も地元にはいないとのことですが、子孫もたいへん活躍していて、千秋のひ孫にあたる四代目には、平成13年にノーベル化学賞を受賞した野依良治（のよりりょうじ）博士の名前があります。　〈調査隊員：土橋桂子〉

松本にどんどんおもしろくなっている看板がある?

おもしろい看板は、あちこちで見かけますが、どんどんおもしろくなっている看板って、どんなでしょう?今回はそんな看板の調査にいってきました。

報告書 No.065

2016年6月29日放送

おお!この看板、確かにおもしろいです。「美人多し よそ見運転注意!」って。ここをよく通るという方にお話をお聞きしました。「今回の看板を初めて見たときは、二度見しちゃいましたね。やっぱり美人、探しちゃいますね。でも、この看板はどんどんおもしろくなっていく気がします。元気をもらえていいですよね」。

この看板が掲示されているのは、有限会社ペーパー・シャワーズ。そして、この看板を作っているのは代表取締役村松昭文さんでした。「この看板は、5～6年前、長野の事務所で始めました。朝、会社の窓から渋滞している道路を眺めていたら、車に乗っている人がみんな下を向いていることに気がついたんです。なんとか、皆さんの顔を上

に向かせたい、上を向けば元気が出るんじゃないかなって。それに、言葉の力ってとても大きいので、元気になるような言葉を書いてみようと」。

まず長野の事務所で掲示した看板を、次は飯田へ持っていき、最後に松本へ。1か月ほどで新しいものに変えていきます。これまでに掲げられたのは「あしたやろうは、ばかやろう」「人間なんてしょせん、おしめに始まり、おしめに終わる」など。確かにどんどんおもしろくなっていく気がします。

この会社、じつはポスティングの会社なんです。社員の皆さんにもお話を聞きました。「さすがに、今回の美人多しは、女子社員としてはなかなか会社に入りづらいものがありますね。でも、ここを通る人が楽しみにしていて、くすっと笑ってくれれば、それはとてもうれしいです。がんばる社長を、ひそかに応援しています」。

ほかの人を思いやる気持ちから生まれた看板だから、「どんどんおもしろくなっている」ってことなんですね。なんか、あったか〜い気持ちになりました。

〈調査隊員：塚原正子〉

駒ヶ根で、あの丼が棒になったらしい!?

駒ヶ根名物のソースカツ丼が棒になっちゃいました。その味の忠実な再現にはびっくり。駒ヶ根の新しい名物の誕生かも？

報告書 No. 066

2016年7月7日放送

　丼が棒に？その丼を棒にしてしまったのは、赤穂高校商業科の生徒の皆さんです。駒ヶ根といえば、ソースカツ丼。それを棒にしちゃったんです。

　赤穂高校商業科3年の木下翼くん、北原樹くん、知久杏華さんにうかがいました。作り方は、簀巻きに千切りキャベツを敷いて、その上にご飯を広げ、クルクルっと巻いてきゅっと強めに押さえます。そして、その表面に肉を巻き衣をつけて、油の中に。揚がった棒はソースのプールにダイブ！そこから出して、できあがり。

どうしてソースカツ棒を考え出したのか？そのきっかけを担当の加藤泰久先生にうかがいました。赤穂高校は平成28年で創立100周年。それを機会に、社会に出て地域に貢献する活動をと、実践力・ビジネスをサイエンスする「やっちゃえ赤穂！プロジェクト」が、商業科課題研究講座として開設され、そのプロジェクトの1つの「商品開発」に3人が参加したとのことでした。

3人は、調査隊のためにそのソースかつ棒を作ってくれました。先月末、「駒ヶ根ソースカツ丼会」の総会で試作品のプレゼンがあったのですが、そこでも試食はなかったので、私が外部の人間で初めて試食することになりました。生徒さんたちと一緒に食べてみて、忠実に再現されたソースカツ丼の味わいに驚きました。ちゃんと肉を感じるんです。そしてご飯の量もちょうどよくて、口に広がる味わいはソースカツ丼そのものを食べている感じ。プレゼンでは、プロの人たちにも大好評だったそうです。

正式な名前は「ソースカツ丼のいいとことこ豚(とん)カツ棒」。生徒さんがつけたものだそうですが、駒ケ根の夏祭り「KOMA夏」で、この名前の長〜い看板を掲げて、数量限定で販売もするそうです。絶対、駒ヶ根の名物になる価値がある！なってほしいな〜。

〈調査隊員：西村容子〉

70年ぶりに復活したお煎餅が東御市にある?

その昔、東京からわざわざ買いに来るほどの銘菓だったという幻のお煎餅が復活しました。どのようなお煎餅だったのでしょう。

報告書 No. 067

2016年7月11日放送

東御市に70年ぶりに復活した幻のお煎餅(せんべい)があると聞き、調査してきました。

東御市文化会館サンテラスホール内の丸山晩霞記念館を訪ねました。館内ではそのお煎餅のレプリカを見ることができました。レトロな包み紙の中は薄焼きのお煎餅で、鉱泉煎餅に近い感じです。「禰津煎餅(ねつせんべい)」といいます。このお煎餅にはそれぞれ12種類の絵が焼き付けてありますが、東御市出身の水彩画家・

丸山晩霞(ばんか)が描いた下絵から型を作ったそうです。つまり丸山晩霞の絵の入ったお煎餅なのです。丸山晩霞記念館の佐藤さんに、お話をうかがいました。「禰津煎餅は、昭和元年から祢津地区のみなとや菓子店で売られていました。祢津には御姫尊(おひめそん)という巨石がありますが、そこは昔、婦人病に霊験(れいけん)があるといわれ参拝者でにぎわっていました。そして湯の丸高原のスキー客も多いことから、晩霞とみなとやのご主人とが、新しい土産物にしようと作ったようです。お煎餅の晩霞の絵は、祢津周辺の12名勝を描いたものですね」。その後、御姫尊参拝者の減少にともない、禰津煎餅も消えてしまったそうです。

　それから何十年か経ち、3年ほど前、煎餅の金型発見を機に祢津地域活性化委員会、サンテラスホール、小県福祉会の3団体で祢津煎餅復活プロジェクトに取り組み始めました。ところが、材料や作り方がわからない。いろいろと調べたそうですが、作ると焦げたりくっついて破れてしまったりと、試行錯誤の連続でした。そこで群馬県の磯辺煎餅のお店に修行に行ってコツを教えてもらい、今は成功率が高くなっているそうです。

　東御市のイベントで祢津煎餅を焼いていると聞き、7月の祢津ぎおん祭に行ってきました。会場には甘く香ばしいにおいが広がっていました。パリパリしていてほんのり甘くて、老若男女がおいしいといえるお煎餅。これを食べると、祢津の皆さんは昔を思い出すそうです。これぞ祢津のソウルフード。復活した祢津煎餅、これからも残していきたいですね。　　　　　　　　　　　　〈調査隊員：斉藤美穂〉

飯山市には3年に一度、松子があらわれる！

松子とはなんなんでしょう？人だったり、松だったりするようですが、その正体を調べるため飯山市小菅地区に行ってきました。

報告書 No. 068

2016年7月12日放送

　松子↘だと…マツコデラックスさんになってしまいますが、イントネーションは松子↗です。飯山市小菅地区にあらわれるので、「小菅の松子」と言います。

　小菅地区のことにたいへん詳しい『小菅の里・その歴史と文化』の著者の鷲尾恒久さんにお聞きしました。「子どもたちのことを松子と言ったり、柱松のことを松子と言ったり、そのもの自体を松子と言ったりします。松子とは小菅柱松紫燈神事(こすげはしらまつさいとうしんじ)のことで、平成23年に重要無形民俗文化財に指定されました」。神事だったのですね。

　飯山市にある小菅神社は、北信濃三大修験場(しゅげんば)、戸隠・飯綱と並ぶ修験の地です。修験者(しゅげんじゃ)がおこなったのを始まりとする神事がこの「小菅の松子」なのです。2本の柱松に火をつけ

[142]

どちらが早く倒れたかによって五穀豊穣・天下泰平を占います。昭和41年までは毎年おこなわれてきたそうですが、42年の奥社改修ののち昭和43年におこない、それ以降は3年に一度おこなわれるようになったそうです。

　火を使うお祭りが昼間におこなわれるのはたいへんめずらしく、また、松子とよばれる10歳未満の子どもが柱松の上に上り、お祭りの主となるところも奇祭といわれるところです。小さな子どもが険しい山の上にある奥社で一晩、ろうそくの明かりのみで過ごさないといけないんです。地区の子どものうちたった2人の男の子が松神子になれるので名誉なことではありますが、勇気がいりますよね。

この「小菅の松子」の歴史は、いったいいつごろから始まったのか、神事ですから正式な始まりを知ることは難しいのですが、数々の合戦などで地域が窮地に立ったとき、復興の願いを込めてこういった神事をおこない活力にしていたと考えられます。今でいう地域おこしですね。

地域の皆さんにとって本当に大切なお祭りになっているようで、何百年もの間続くお祭りをしっかり受け継いでいきたいという思いが伝わってきました。

〈調査隊員：竹井純子〉

昭和時代信州唯一の三役力士が喬木村にいた！

関取不在の期間が長かった長野県。でも昭和時代には信州にも三役に入った力士がいました。実直で優しいその力士とは？調べてきました！

報告書 No. 069

2016年7月14日放送

　長野県出身の御嶽海(みたけうみ)の活躍で大相撲を見るのが楽しみという方も増えていると思いますが、長野県出身の力士といえばまずは江戸時代、大相撲史上未曾有の最強力士といわれた雷電(らいでん)が有名です。しかし、昭和以降に十両に昇進した長野県出身力士は少なく、昭和43年9月場所に大鷲が十両に昇進して以降、なかなか長野県出身力士の関取が誕生しませんでした。

　大鷲が昭和53年1月場所で引退して以来、長野県は全都道府県で関取不在の期間がもっとも長かったのですが、郷土出身力士として47年ぶりに御嶽海が新十両となり、平成以降、関取を出していない唯一の都道府県というありがたくない記録も返上しました。

そんな中でも雷電以来、昭和に入って三役に入った力士がいました。当時「今雷電」ともいわれた、その力士の名前は「高登」(明治41年〜昭和37年)。喬木村出身で、筋肉質な千代の富士のようなかっこいい力士さんでした。

写真に一緒に写っているのは、喬木村歴史民俗資料館館長の市瀬辰春さん。歴史民俗資料館では、高登の特別展がおこなわれ、当時の後援会の方々や地元の方々から集めたさまざまなゆかりの品が展示されていました。高登は実直で優しい人物だったといわれており、子どもを抱いた写真が多く展示されていて、高登の人柄がしのばれます。

高登関は、優勝同然の成績を残し、関脇になりました。そのときの番付には「関脇高登」の文字がハッキリ見えます。けがのため関脇でいた期間は短かったようですが昭和時代の信州唯一の三役力士として活躍し、のちに大山部屋の親方となりました。引退後は黎明期のTV中継の解説者としても人気を博し、特徴のある声音は物真似の対象となったほどでした。信州にも関脇がいたなんてビックリな調査でした。　　　　　　　　　　〈調査隊員：西村容子〉

上田で靴の山が数か所にできる事件が!

靴が夜な夜な集められ、気づいたら山のようになっていたという奇妙な事件が起きているそうです。いったい誰の仕業なのでしょうか?

報告書 No.070

2016年7月18日放送

　その場所は上田市秋和地区。さっそく、靴の山なるものを見に現場へ行ってきました。まずは小林さんという方のお宅へ。家屋から少し奥に入ったところにある畑の中に。あった、ありました〜! 20足くらいでしょうか。ほとんどがサンダルです。

　じつは秋和では、靴の山の出現と同時期にもう1つの珍事件が発生していました。縁側から庭に出るために常備している履物(はきもの)が、つぎつぎと持っていかれるという事件です。被害者の1人である田中さんご夫妻によると、そうした事件は平成28年が初めてで、3月ごろから始まったそうです。盗まれるのは片方ずつ…、しかも探しにいくと近くの靴の山にはなく、わざわざ離れた場所にある靴の山に置

いてあるのです。
聞き込みを重ねて
いくうちに目撃者
にあたりました。
どうやらその方
は、声を聞いたそ
うです！「キィー
キィーって鳴いて

いたわよ」。なんと犯人はキツネさん‼

　秋和の中でも住宅街での出来事なのですが、空き家が何件か存在しているのだそうで、そこに住んでいるのでは？とのことでした。6月下旬あたりからは履物が盗まれることもなくなり、靴の山が増えることもなくなったそうです。

　野生の鳥獣被害担当の上田市森林整備課の町田さんによると、上田市内で靴の盗難や山が出現したという情報は今までなかったそうですが、捕獲・保護されるキツネは年間に100匹ほどいるそうです。そして、キツネが靴を持っていってしまう理由も教えていただきました。キツネは子ギツネの遊び道具として靴を集める習性があるからだそうです。6月には秋和の道路で車と衝突しケガをした子ギツネが保護されたという情報もありました。命に別状はなかったので山に放されたそうですが、もしかしたらその子ギツネがあの山になった靴で遊んでいたキツネだったのかも…。秋和では畑の中や、家と家の間の藪の中などに靴の山が出現していました。もしかしたら、皆さんのお宅の近くにも靴の山ができているかも？　　　〈調査隊員：斉藤美穂〉

信州うわさの調査隊 II

マンガ読み放題の裏技的スポットが千曲市に?!

クーラーの効いた部屋で一日中マンガが読み放題。それも中学生以下は無料という、夢のような場所が千曲市にありました!

報告書 No. 071

2016年7月26日放送

マンガは好きですか?やはり本は紙の香りに包まれながら読みたいですよね。なんと、千曲市にはお得にマンガの読み放題ができちゃう裏技があると聞き、行ってきました。そこは千曲市稲荷山。うわさは本当なのでしょうか?

優しく出迎えてくれた女性にたずねてみると、「あります」との返答。中学生までは無料ですって。マンガ読み放題できちゃう夢の場所は、千曲市稲荷山にある千曲市ふる里漫画

館。なんとここはマンガの図書館なのです。7300冊のマンガが収蔵されています。入館料は中学生以下無料、高校生100円、一般200円です。この漫画館、世界的風刺漫画家の近藤日出造さんの記念館としてオープンしたものなんです。

　近藤日出造さんはどんな方なのでしょうか。明治41年に千曲市稲荷山に生まれ、昭和51年まで政治漫画を描き続け、とくに読売新聞の政治漫画が知られています。また日本漫画家協会初代理事長を務めるなど、昭和54年に71歳で亡くなるまで漫画家の地位向上にも尽力しました。

　ふるさと漫画館は26年前にできた記念館ですが、白壁の重厚な蔵造り風の建物でとてもすてき！でもあまり知られていませんよね。ましてやこんなにマンガが置いてあることもご存じない方が多いのではないでしょうか。古いマンガばかり置いてあると思われるかもしれませんが、いえいえ、今ではなかなか全巻通して読めないような作品から連載中の最新作までずらりとそろっています。ぜんぶ制覇したい、という気持ちにもなりますが、こちらでは貸出しはおこなっていません。ただ、一日中いてもOKなので、クーラーの聞いた部屋でマンガを思う存分楽しめます。

　さらに、こちらの漫画館新しい利用方法が増えちゃいました。なんと、まだマンガが読めない小さなお子さんでもＤＶＤが楽しめるんです。こちらの漫画館は毎週月曜日と祝日の翌日はお休みとなりますが、この裏技いかがでしょうか？

〈調査隊員：竹井純子〉

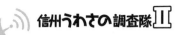

焼肉の街、飯田で焼肉を120%楽しむ裏技は？

焼肉の街、飯田ならではの焼肉屋さんの裏技から、自宅の焼肉にも生かせる裏技まで、オムニバスでお届けします。

報告書 No. 072

2016年7月28日放送

「飯田で焼肉を存分に楽しむための裏技」、お肉屋さんと焼肉屋さんの両方を営む丸三精肉店焼肉丸三の原親男さんにうかがいました。飯田で焼肉を食べるときは内臓を注文すべし！飯田下伊那でしか食べられないのでは？という内臓があるんです。その名も「じゅうたん」（皮つきの胃）、「ぞうきん」（第3胃センマイ）、「蜂の巣」（第2胃）。これを総称して「黒もつ」というんですが、見た目そのままなんです。「じゅうたん」は毛の長いモコモコ。「ぞうきん」はちょっと毛が短い。「蜂の巣」は蜂の巣そっくり！

また、飯田の肉屋さんには焼肉用に「座布団」（肩）や「枕」（前脚のスネ）も売っています。飯田市にある肉のいちのせさんのご主人にお聞きすると「座布団」はうまい！「枕」

は歯ごたえがいい！とのこと。こちらは内臓ではなくお肉の種類の1つで、とにかくおいしいんですって。ほかにも友三角、イチボ、みすじなど聞いたこと

もないようなお肉もありました。

　さて、次は「自宅でもおいしい焼肉が食べられる裏技」。飯田の人たちはタレも手作り！玉ねぎ、にんにく、リンゴ、ナシなどをおろしですりおろしお醤油の中へ、好みでとうがらしなどを入れてもOK。そして少なくとも1週間〜10日は寝かせ、そのタレで焼肉をいただく。自分の好みの味で焼肉を楽しむという、これぞ焼肉日本一の街の人たちのこだわり。飯田の人気イタリアンレストランロカンディーナミヤザワのシェフ宮澤一成さんがイタリアン焼肉の漬け込み方法を教えてくれました。材料は豚肉300g、桃70g、玉ねぎ30g、人参10g、白ワイン20g、にんにく適宜、生姜適宜、ローズマリー・バジル・ローリエなどのハーブ適宜。豚肉には塩コショウをして、その他の材料はすべてフードプロセッサーにいれ、滑らかなペースト状になったらお肉にまんべんなくまとわせビニール袋に入れて冷蔵庫で1日寝かせればできあがり。お肉は牛・豚・鳥・マトンとなんでもOK！安いお肉も、しっとりした柔らかさのある高級な味わいに変身させる一流シェフならではの裏技です。お試しあれ！　　　　　　　〈調査隊員：西村容子〉

飯田から日本の歴史が語れるってホント?

飯田のあるものが、日本の歴史を語る上でとても重要な意味を持っているようなんです。その日本の歴史を物語るものとは…。

報告書 №.073

2016年8月18日放送

　日本の歴史を飯田から語る…、いったいどういうことなんでしょう？それは「古墳(こふん)」です。飯田の古墳にはほかでは見られない特徴があるというのです。長野県考古学会会長の小林正春さんにうかがいました。「飯田には700基もの古墳が存在しますが、その中に23基の前方後円墳があるんです。いわゆる位の高い人だけが許されたお墓です。それも、たった10kmの範囲に23基も位の高い人たちのお墓があるんです」。これだけ集中して前方後円墳が存在するのはめずらしいそうなんです。この飯田の古墳群が国の史跡として指定されることになりましたが、これも異例なことだそうです。

　専修大学文学部の土生田純之(はぶたよしゆき)教授のお話です。なぜ異例

なのでしょうか？「今までは全長100mを超える規模の大きな古墳が指定されることがほとんどで、飯田の古墳群のように70mほどの中型のものが指定されることはめずらしく、また古墳群として複数の古墳が一緒に指定されるのも異例」ということでした。さらに、普通は1つの地域に古墳の石室の種類は1つしかないのに飯田の古墳群には5種類もの違った石室の古墳が混在しているのも、きわめてめずらしいということです。これは、中央の複数の大豪族とこの地がつながっていたことをあらわします。それを結びつけたのが「馬」。飯田はその当時、馬の一大生産地で、馬の骨の出土がほかではありえないほど多いそうです。

　この古墳群の特徴から、その時代、飯田が信濃の国の今でいう県庁所在地だった可能性が高く、日本に4つしかない石室の内3つが飯田にあり、これは朝鮮にまったく同じものが存在することから、渡来人が飯田にいた可能性も高いそうです。飯田から出土するものは、当時、ほかではまだ使われていなかった最新鋭のものが多く、国際テクノポリスだったのではないかとも、2人の先生は語ってくださいました。

　歴史ロマン満載の飯田の古墳群、これからの展開がとっても楽しみです。　　　　　　　　　　〈調査隊員：西村容子〉

信州うわさの調査隊Ⅱ

川上村には作るのに体力がいるおまんじゅうがある？

その土地ごとに、いろいろなおまんじゅうがありますよね。味や形、でも川上村には作り方がとても変わったおまんじゅうがあるのです。

報告書 No. 074

2016年8月22日放送

　おまんじゅうといえば、みんなに愛される食べ物。その土地ごとに味や作り方の違うおまんじゅうがありますが、川上村には作るのに体力のいるおまんじゅうがあるんです。昔から各家庭で作られ食べられている川上村の郷土食ということで、川上村の介護予防事業の1つ「お達者クラブ」に通われている70～80代の元気なおばあちゃんたちに作っていただきました。まずは、なんていうおまんじゅうなのか聞いてみると、「はりこしまんじゅう」とのこと。はりこしまんじゅう？いったいどんなおまんじゅうだと思いますか？

　では、作っていただきましょう。材料は、そば粉または小麦粉、ネギ、ショウガ、味噌、水。この日はそば粉と小

麦粉を半々にして作りました。粉に刻んだネギとショウガをたっぷりと入れ、味噌を水で溶いた汁を入れ、丸められるくらいの硬さになるまでこねます。ここまで

では普通ですね。さて、ここから！おばあちゃんたち、手のひらサイズにまとまったおまんじゅうのタネをお椀に入れて、ポンポーンとタネを上に飛ばし始めました。皆さん飛ばしています。はりこしまんじゅう…梁(はり)、越し、まんじゅう…そうです、梁を越すくらいに高くまで飛ばして作るおまんじゅうなのでした。本当に梁を越すほど放り上げるわけではなく、高さにして大体50～60cmほどでしょうか。それでも小さなお椀で飛ばしたりキャッチしたりと、これを繰り返すのですからとても体力のいるおまんじゅうです。丸まったタネは平らにしてホットプレートで焼きます。本来は囲炉裏(いろり)にフウロという鉄板を使って焼き、灰の中に入れ、それから食べていたそうです。

　完成！素朴な味なのですが、香ばしいお味噌の味とショウガやネギの香りがして、とってもおいしかったです。現代ではもっとおいしい物がたくさんあるので、今の子どもたちはあまり好んで食べないそうですが、川上村を築き上げてきた人たちの歴史が詰まった食べ物。これからも後世に伝えていって欲しいなぁと思いました。　　　〈調査隊員：斉藤美穂〉

60年間続けてJRに表彰された、その功績とは？

あることを60年間も続けて、JRに表彰された方が佐久市にいるということで、どんな功績をもつ方なのか調べてきました。

報告書 No. 075

2016年8月29日放送

佐久市に60年の功績が認められてJRに表彰された方がいらっしゃるそうなのです。さっそく、その男性に会いに佐久市に行きました。

この見るからに優しそうな方が新津三郎さん。御年90歳。趣味は野菜作りだそうで、穫れた野菜を従兄弟に送ってあげるのが楽しみの1つとなっているそうです。そんな新津さんが続けていることとは？そしてなぜJRから表彰されたのでしょう？

それは、傘。傘を置き続けているのだそうです。さて、どこに置きつづけているのでしょう？駅のホームに行ってみてようやくわかりました。待合室に置き傘コーナーがあります。数えてみると10本。新津さんはご自宅の最寄

り駅、小海線青沼駅に貸し出し用の傘を毎年10本ずつ新調しながら置いているのだそうです。

きっかけは約60年前のこと。通勤の電車から降りるとどしゃぶりの雨に降られてしまったのだそうです。「こんなときに置き傘があれば良いなぁ」そう思った新津さんはすぐに青沼駅と臼田駅に置き傘を10本ずつ置かせてもらったのだそうです。それから毎年10本ずつ新しくしながら傘を設置していったとのこと。今でこそ傘はお安い物もありますが、始められた当時はかなり高価な物だったそうです。新津さんのお給料は月給1万2000円。傘は一本1000円。10本置いたら…給料の約1か月分じゃないですか！かなりの負担だったそうですが、自分で決めたことだからとやめようとは思わなかったそうです。

平成28年、JR長野支社から表彰され、ご家族やお知り合いの方々からたくさん褒めてもらった新津さんはうれしそう。小さなことでも続けることが大きなことにつながる。みんなから大切にしてもらえて幸せだ、と新津さん。

新津さんにお会いして、私も幸せを分けていただきました。

〈調査隊員：斉藤美穂〉

信濃町はどうしてトウモロコシの町になったの?

シーズンには街道沿いにたくさんの店がならぶ信濃町。そんなトウモロコシの町になったのは人や自然環境など、数々の理由がありました。

報告書No.076

2016年8月30日放送

　ゆでても良し、焼いても良しのトウモロコシはお子さんも大好きですよね。大きな産地としてはやはり北海道が有名ですが長野県も第3位の作地面積を誇ります。とくに信濃町はトウモロコシはたいへん有名です。夏には県内外から大勢の方々がトウモロコシを求め、信濃町を訪れます。でも、なぜ信濃町はトウモロコシの町となったのでしょうか?さっそく、調査してきました。

　調査にご協力いただいたのは、信州信濃町観光協会鮎澤貴さんです。まずはトウモロコシの栽培の歴史からお聞きしました。飼料用のトウモロコシは大正時代から。食用のトウモロコシは宣教師として農村伝道の発展に尽くしたアレフレッド・ストーンさんが広めたとのこと。

　信濃町でさかんに作られるようになったのには、もう1つ理由があります。黒姫山の火山灰という土壌に加え、山から湧き出る清らかな水と澄んだ空気。さらに厳しい寒暖差。この自然の恵みも生かして信濃町は、トウモロコシの町へとなってきたわけです。

　信濃町のトウモロコシが全国的に有名になった原動力としてトウモロコシ街道も大きな役割を占めています。トウモロコシ街道は、黒姫駅から戸隠へ向かう道で、二ノ倉の交差点からずらりと直売のお店や実際に食べられるお店が道沿いに並びます。トウモロコシ畑も一面に広がり、まさにトウモロコシ街道となります。

　今の主流の品種としては、ゴールドラッシュ。そのほかハニーショコラやピュアホワイト。注目を集める恵みという品種は、甘さが強く皮が柔らかいので生でも食べらます。トウモロコシは鮮度が命。買って来たらすぐにゆでる、もしくは、レンジでチンして保存です。でも、ゆでたてが一番おいしいので、早めに召し上がっていただくのが一番ですね。

〈調査隊員：竹井純子〉

長野市にはカッパ村があるらしい?

長野県でカッパ村というと駒ケ根市が知られていますが、長野市にもカッパ村があるらしいのです。

報告書No. 077

2016年8月30日放送

長野市にもカッパ村が?うわさの現場に行ってきました。すると緑色が目にとまり、カッパ発見!長野市東町、善光寺参道近くに、カッパの絵がずらりと並ぶ場所がありました。そこはカッパ村の村長さん宮本廣文(ひろふみ)さんのギャラリー。宮本さんはこの2坪の場所で、カッパの絵を書いています。ギャラリー兼お仕事場、アトリエです。宮本さんは、カッパさんの愛称でよばれる画家なんです。

カッパ村、正式には河童(かっぱ)連邦共和国で大統領府は東京台東区浅草にあります。村民が2人以上になるとカッパ村として認定されます。駒ケ根市のカッパ村がそうです。長野市のカッパ村は村民が宮本さん1人なので、こうした場所はまとめて水辺カッパ村として登録されます。現在、全国で水辺カッパ村は55人、カッパ村は41か村登録されて

いるそうです。

　宮本さんが河童連邦共和国民になったのは、絵本作家の斉藤博之さんの『河童曼荼羅』という1冊の画集がきっかけでした。カッパを擬人化して喜怒哀楽を表現した作品で、この絵と世界観にすっかり魅了され、ここから宮本さんなりのカッパの絵を描き始めたそうです。宮本さん、もともと看板のお仕事をされて50年。今は大好きなカッパの絵を描きアトリエで過ごす時間がほとんどで、個展なども開いています。

　宮本さんにカッパの魅力についてお聞きすると、「カッパに妖怪として怖いなって思う部分とユーモラスな部分。また人に似ている部分もあるのが魅力ではないか」とのこと。宮本さんはそれを表現して描いているので、怖いカッパや楽しいカッパ、美しいカッパまでさまざま。ここに来るとみんなカッパが好きになっちゃうかも。

　宮本さんに「今の世にカッパは存在すると思いますか？」とも聞いてみました。「昔はもしかしたらいたのかもしれない。水の中に泳ぐなにかを見間違えたのかもしれない。でも、今の世の中ではカッパは生きづらい。だから今はいないのかな」とのこと。長野市でのカッパ伝説目撃談は少ないそうですが…、カッパ村があると知ったら戻ってきてくれるかしら。

〈調査隊員：竹井純子〉

小海町では太陽が奏でる音を聴けるといううわさ！

いつも優しく光を注いでくれている太陽。その太陽が奏でる音が聴けるとしたらどんな音？聴いてみたいですよね。

報告書№.078

2016年9月5日放送

　その音が聴けるのは小海町高原美術館。建築家の安藤忠雄氏が設計した建物そのものが芸術作品のような美術館です。小海町高原美術館館長の名取淳一さんにうかがいました。本当に太陽が奏でる音が聴けるのですか？「はい。聴けますよ」とのこと。実際に聴いてみると…、心地よい音です。なつかしいような、なにかを思い出すような、自然と溶け合うような、なんとも言えない音。

　見せていただくとそこには鳥の巣箱のようなものがありました。これは「そらごーる」という、太陽の力で動くオルゴールなのです。巣箱の屋根の部分に太陽光パネルがついていて、晴れた日の日中の太陽の光を受けている間だけ、音が鳴るというもの。まさに太陽だけが演奏できるオルゴー

ルなのです。中から聞こえてくる音楽は森をイメージして作られた音なのだそうです。

そして、この「そらごーる」を作ったのは、なんと館長の名取さんご本人。名取さんは日本国内に数名しかいないというオルゴール技師なのです。古いオルゴールの修繕修復から、新しいオルゴールの開発までを手掛けていらっしゃるのです。山梨県の大自然の中で育った名取さんは子どものころからさまざまな自然現象を体感してきました。その感動を日々の生活に取り入れることができたなら…と考えついたのが、この「そらごーる」なのだそうです。

名取さんは清里にある萌木の村のオルゴール博物館ホール・オブ・ホールズにいることもあります。そこにはアンティークから新分野のオルゴールまで、さまざまなオルゴールが展示されています。新分野とよばれるものには、いろいろな種類があって驚かされます。名取さんは、絵でも景色でも、音で表現することができるそうです。

さて、この太陽が奏でる音を聴くことができる「そらごーる」、準備中のこともありますので確認をしてから出かけてください。耳にすればきっと太陽の下でゆるやかに音を奏でている音色にいやされることと思います。

〈調査隊員:斉藤美穂〉

信州うわさの調査隊 II

野菜の並ばない八百屋さんが中野市にあるらしい？

八百屋さんなのに、野菜が並んでいない？本当にそんなお店があるのでしょうか？中野市へ調査に行ってきました。

報告書No. 079

2016年9月6日放送

　中野市上今井にある臼井商店に行ってきました。看板には野菜の絵や果物の絵が描かれていて、確かに青果店のよう。でも、店内ではなぜか水の音が響いています。そこに並んでいたのはなんと金魚。平成28年の春から趣味で飼っていた金魚を店頭にずらりと並べているんだそうです。

　その理由はといえば、店主の臼井栄作さんが年の初めに体調を崩され、仕入れなどを奥さんだけに任せるのはちょっと無理があるので、以前から飼っていた金魚を並べたとのこと。ただ青果店を完全にやめて金魚店に替わったわけではなく、青果店だけれど金魚も並ぶというなんともめずらしい状態になったそうです。奥様の仁子さんも「青果店だと1日売れなかったらダメになっちゃうけど、金魚なら売れなくても次の

日にはもっと大きくなっている。一番は主人が喜んでできる仕事だから幸せ」とのこと。仲良しご夫婦でしょ？おたがいを思い合って、2人でゆっくりと金魚をながめながら、愛情もって育てているのがよくわかります。

お店の維持が難しくなる中、趣味で始めた金魚の飼育ですが、買っていただく以上はと臼井さんなりのこだわりがあります。金魚は、上手に飼ったら20年以上生きるので、できるだけ長く楽しんでもらえるよう、自分たちの知っている知識は教えているそうです。

この先について、臼井さんに聞いてみました。「リンゴの時期になれば県外からもお客さんがやってくる。わざわざ来ていただくのに、金魚が並んでいたらビックリするかもしれない」と心配されています。奥様は「リンゴの時期だけでもお客様の要望に応えられたら」と、そんなことも考えていらっしゃいます。趣味から始まった商売ですが、こだわりはリンゴも金魚も同じ。好きだからこそ、思いを持ってやっている。中途半端になるのは、お客さんに申し訳ないから悩んでいるそうです。

秋を迎えたらリンゴと金魚が並んでいる、そんな八百屋さんになっているかもしれません。　〈調査隊員：竹井純子〉

天竜川の中洲(なかす)に、こんなものがあってもいいの？

別名「暴れ天竜」といわれる天竜川。その中洲には危険と隣り合わせに、あるものが置かれているのです。

報告書No. 080

2016年9月8日放送

　南信州の動脈のように雄大に流れる天竜川。急流を勢いよく流れるその中洲にあるものとは、いったいなんなんでしょう？それは全国的にもそんな場所にあるのはめずらしいようなんです。

　うわさの真相を知る、常盤昭治さんと天竜舟下り取締役社長の杉本忠さんに案内されたのが「弁天厳島神社」。この神様は舟下りの神様で、拝殿は天竜川の岸のほうにあるそうです。で、中洲にはなにがあるのかうかがってみると、「じつは弁天厳島神社の本殿が中洲の中にあるんです」とのこと。さっそく、堤防から見てみると、かすかに赤い鳥居のようなものが…五重の塔もある！岩の上にお社も！

　どうして中洲にあるのでしょうか？じつは昔の地図を見

ると本殿がある中洲はもともと岸だったところで、昔は川岸に本殿が建てられていたそうです。大水などで少しずつ川の流れが変わり、350年前に岸だったところが年月をかけて中洲になったということなんです。川筋も変わって神社の本殿が川の中に取り残されてしまったんです。

さらに、そこが村境と重なっていて西岸と東岸の住民が境をめぐって大もめし、幕府に裁きを任せたところ西岸の持ちものになりました。神社のあるところが境になったので、中洲になってしまっても動かせなくなったそうです。西岸に帰属することになったとき、東向きの本殿を西向きに変えようと動かしたところ、西岸の村に疫病が流行り死者も出ました。「これは神様のたたりじゃ」と、もとに戻すと疫病はおさまり、それ以来、その本殿に触れる人はいなくなったそうです。それから中洲にある弁天厳島神社は「後ろ向き観音」とよばれるようになり、氏子の皆さんは神様の背中にお参りし続けて300年以上になるそうです。これまでに3度ほど鳥居は流され再興されたのですが、本殿だけは流されず神様は守られているそうです。

これからも天竜川の舟の運航、天竜川に関わるすべての人を守り続けてくれるといいですね。〈調査隊員：西村容子〉

山ノ内町が発祥という自然に優しい楽器はなに?!

木製で穴が6つ開いていて、手のひらにのる、吹く楽器。その楽器は長野オリンピックとも深い関係がありました。

報告書No.081

2016年9月13日放送

　山ノ内町発祥の楽器、それはコカリナ。その誕生の経緯を、日本コカリナ協会認定講師・志賀高原森のふくろうコカリナ合奏団の大熊二三子さんにお聞きしました。「平成10年の長野オリンピック、その2年前にこのコカリナが誕生しました。誕生して平成28年で20年になります。長野オリンピック開催のため、志賀高原に向かうオリンピック道路が建設されました。その際にやむなく伐採

された木をコカリナ奏者の黒坂黒太郎さんのよびかけでコカリナにし、長野オリンピックに訪れた世界各国の皆さんに聞いていただこうという運動から誕生したのです」とのこと。

　このコカリナという楽器、じつは黒坂さんによって紹介されたハンガリーの民俗楽器がもとになっています。この楽器は大きさや使用する木によってかなり音色が変わってきます。そんなコカリナを山ノ内町から全国に広めていこうと活動しているのが、志賀高原森のふくろうコカリナ合奏団の皆さんです。コカリナ誕生から活動されていますから合奏団の活動も20年。下は小学生から上は年配の方までおよそ60名のメンバーがいらっしゃるそうです。山ノ内町では、「コカリナ発祥の地」として、定期的な演奏会なども開催されており、9月のコカリナフェスティバルには全国各地からコカリナの演奏団体が山ノ内町に集結します。

　コカリナを作ることで、木への感謝の心とともに自然との共生も意識するようになり、それを町おこしにも発展させています。皆さんもぜひ一度森の音色に耳を傾けてみてただければと思います。

〈調査隊員：竹井純子〉

ブーム到来の予感！思わず欲しくなるカードとは？

人気のダムカードに続き、次はこれがくる？これから注目を集めるかもしれないカードを調査するため、小谷村へ行ってきました。

報告書No. 082

2016年9月21日放送

ダムカードとは、国土交通省が企画して平成19年から発行しているカードで、とても人気があるんですって。現在500種類。なかにはプレミアがついて高価な値段で取引されているものもあるとか…。

そのダムカードに続け、ということで平成28年に発行されたのが「砂防カード」！砂防ってなに？ということで、長野県姫川砂防事務所総務課長柳澤幸弥さ

んにお話をうかがいました。「問題です。砂防、柔道、カラオケ、寿司。この4つの言葉に共通することはなんだと思いますか?」いきなりクイズ!わからない…、「答えは日本語の発音がそのまま海外で通用する世界共通語になっている日本語です。砂防とは土砂災害を防いで人や家を守ること。そのために造るものを砂防堰堤(えんてい)とよびます。日本の砂防技術が優れているため、海外のさまざまな国で技術指導していますし、外国には砂防にあたる言葉がないことから、世界共通語となっているんです」。あっぱれ JAPAN!

　白馬・小谷地域には大小さまざまな砂防堰堤が 400 もあるんですって。今回はその中でも、形状や景観が特徴的な白馬村の3種類、小谷村の3種類、あわせて6種類の砂防カードを作ったそうなんです。「日本が世界に誇る砂防堰堤を多くの皆さんに見てもらいたい、砂防の知識を深めてもらいたい、ということから、毎年、砂防堰堤をめぐるバスツアーを実施しています。その参加者の皆さんから、砂防堰堤は誰にも知られずに黙々と、ただ土砂を溜め続け人びとを守っている。そんなところが、人の生き方にも通じて魅力を感じるので、砂防堰堤の写真ををお守りにしたい、などの声が聞かれ、カードを発行することになりました」とのこと。地形と地質が複雑な多雨豪雪地帯に対応するため、さまざまな砂防堰堤が造られています。砂防って奥が深いんですね。

　それにこのカード、カッコいい。砂防カードを集めて、砂防についての知識を深めましょう!

〈調査隊員:塚原正子〉

毎日お世話になるあの場所の神様が佐久にいる？

1日に何度もお世話になるあの場所。どこの家にもかならずあります。そこを守る神様には、多くの方々が訪れていました。

報告書№.083

2016年9月26日放送

やって来たのは佐久市鳴瀬にある曹洞宗武陵山桃源院というお寺です。ご住職の山本健善さんにその神様を拝見させていただきました。境内にお堂があり、その中にその神様はいらっしゃいました。頭は炎、体は獅子、恐い形相で手には剣などを持っています。想像していた優しそうな神様のお姿と違う。お参りに来ていた方にうかがうと、「家でも大事にしていて、1日に何回も行く場所なのでそのたびに拝んでいます」「将来、下の世話にだけはなりたくないからねぇ」とのこと。家でも1日に何回も拝む？いったいなんの神様でしょうか？お寺の中にもその神様はいらっしゃるということで、案内していただきました。すると…、いらっしゃいました。お手洗い、トイレです！答えはトイ

レの神様でした。

　この神様はウスサマ明王という名前の神様で、漢字では「烏枢沙摩明王」と書きます。烏枢沙摩明王は「烈火で不浄を清浄と化す力がある」とされ、禅宗や密教では古くから東司(とうす)(お手洗い)の守護神とされているそうです。そのため、烏枢沙摩明王は一般的にもトイレの守り神として知られていて、下半身の病や婦人科の病気からも守護してくれる力があるとされているそうです。

　禅宗のお寺では僧堂(修行僧が暮らすお堂)・浴司(よくす)(風呂)・東司を三黙道場と言い、言葉を発せずただ黙々と修行をおこなうべき大切な場所なのだそうです。本来清浄なる自己に目覚めさせるという功徳にあやかり、烏枢沙摩明王を東司にまつっているのだそうです。

　「ウスサマをいつでもお参りできる場所が欲しい」という人たちが佐久にも多くいたそうで、こちらのお寺にお堂ができたのだそうです。このような形でおまつりしているのは県内ではめずらしいとのことで、遠くから参拝に来る方もいらっしゃるそうです。法要がある「ウスサマまつり」では、烏枢沙摩明王のお札の護摩(ごま)焚きもおこなわれます。

　トイレはいつもきれいにしておく。これはいろいろな意味で大事なこと。今日から今まで以上にトイレ掃除にはげみたいと思います。

〈調査隊員:斉藤美穂〉

飯田の街を走るイタタクってなに?

飯田市民の間でも「あれなに?」という人が多い、街を走っているちょっと変わったもの。それはどんなものでしょうか?調査しました!

報告書No. 084

2016年10月6日放送

　街でこのイタタクについて聞いてみると、「イタタク」という言葉はそれほど浸透していないようですが、最近ちょっと変わったものが飯田の街を走っているということに気づいている人が多いことがわかりました。その感想は、「かわいい」という声の一方で「乗るのに勇気がいる」「ちょっと恥ずかしい」というものが多いようです。

　イタタクの仕掛け人、丘のまちフェスティバル実行委員会事務局の西しのぶさんの話によると、飯田で毎年11月3日におこなわれている「丘のまちフェスティバル」というイベントが平成28年で10年目を迎え、そのPRのために仕掛けられたのがこのイタタクとのこと。イタタクとは、「痛車」と「タクシー」がドッキングした言葉。痛車

とは「見ていて痛々しい車」。アニメやゲームのキャラクターのシールやイラストを貼り付けた車のこと。飯田では「丘のまちフェスティバル」のキャラクター「なみきちゃん」が描かれたタクシーが街中を走っているんです。飯田の市街地で営業する６社のタクシー会社に１台ずつ、計６台。デザインもそれぞれに違うタクシーです。同一地域に６台ものイタタクが走っているのは全国初といわれるほどめずらしいんです。

タクシー会社の皆さんはどんなふうに受け止めているのか、お話をうかがってみると、「正直なところ、やっぱり最初は引きました」という方も。でも、どの会社も快く運転してくださっているようで、最初は恥ずかしかったという方、「もう優越感」というノリノリの方までさまざま。

イベントでは飯田の丘の上といわれる市街地がサブカルチャー一色に染まり、変わった空間になります。コスプレイヤーの方たちが全国から集まり、フィギュアの店がずらりと並び、痛車やクラシックカーが道を埋め尽くし「オタクの街になる」という人もいます。飯田市が近い将来、全国唯一のイタタクの街になる可能性もありそうです。ちょっと楽しみですね。　　　　　　〈調査隊員：西村容子〉

善光寺では 1000 年が 10 日になる夜がある？

そんな時空を超えたような夜が存在するのでしょうか？善光寺さんに、そのうわさの真相をうかがってきました。

報告書No.085

2016年10月11日放送

　そのうわさについてお話してくださったのは、善光寺庶務部長の若麻績秋嘉さんです。

「善光寺本堂では、1年をとおして多くの法要が営まれます。そのうちの1つに数えられるのが『十夜会』という、夜におこなわれるめずらしい法要です。善光寺だけでなくさまざまなお寺で営まれ、よび方もさまざまです。お十夜ともいわれ、阿弥陀様のお念仏の尊さを知って感謝の気持ちを込め仏様のお名前をとなえる。こういった法要なんです」「この法要は10日間、十夜続くことから『十夜会』とよばれていて、善光寺では10月5日から10月14日までの10日間に浄土宗の『十夜会』。11月5日から11月14日まで天台宗の『十夜会』が営まれます。お寺によっ

ては10日間でなく、5日・3日・1日などもあるようですが、基本は10日間。善光寺では2回ありますので、20日間二十夜となります」。

さらにこの法要は、「この世での十日十夜(とおかとや)の善行は、仏様のもとでの1000年の善行にも勝るという『仏説無量寿経(ぶっせつむりょうじゅきょう)』の教えを実践することです」とのこと。これが「十夜会」の法要なんですね！ですから、1000年分の善行が十日十夜でできちゃうんですね。

この法要は、この機会に自分を見つめ直し、仏様の尊さを知り、感謝の気持ちを込めて念仏をとなえる大切なものです。仏の国の1000年の善行にも勝るという善行を、ぜひ経験していただきたいものです。修行とも違いますし、夜の善光寺もまた趣がありますので、機会があれば参加してみてください。

〈調査隊員：竹井純子〉

信州うわさの調査隊 II
須坂市では年に2回、愛の形が見えるらしい？

愛の形は人それぞれだと思いますが、須坂市で見られる愛の形は年2回だけ、それも晴れているときだけ。いったいどんな形なんでしょう？

報告書№.086

2016 年 10 月 11 日放送

　愛の形が見られる場所は、須坂市のアートパーク内にあります。須坂市観光協会の岡田智美さんにご案内いただきました。

　気になる愛の形の正体は、アートパーク内にあるモニュメントで、そのリングの影がハートの形になるそうです。でも、その形が見られるのは春分の日と秋分の日の年に2回。それも、正午前後がもっとも美しい形になります。たった1日でもハートの形がゆがんでしまうそうです。愛の形は繊細です…。

　このモニュメントができたことによって、アートパークはNPO法人地域活性化支援センターにより「恋人の聖地」に認定されたそうです。

　しかし、年に2回しか見られないけど、雨が降ったら見られません。愛の形には、太陽の存在が大切なんです。

　須坂市は製糸業がさかんで、絹の里ともいわれています。取材した日には、結婚12年目のご夫婦がおたがいに日々の感謝の気持ちを言葉にして愛のメッセージを交換していました。結婚12年は絹婚式。絹のようなきめ細やかな愛情をあらわす記念日なのだそうです。すごく感動的なイベントでした。旦那さんの言葉がやや短い気がしましたけど…。皆さん、これからもお幸せに。

〈調査隊員：竹井純子〉

見たこともない字を使った上田名物があるらしい!?

上田に住んでいる人なら誰もが知っている、慣れ親しんだあの名物は、こんな字を書くのですね。なぜこんなふうになったのか？調査してきました。

報告書No. 087

2016年10月17日放送

その上田名物は、多くの観光客が「上田に来たからには」と並んで買っていくもので、市民にとっては子どものころからなじみのある食べものです。ところが、こんな字が使われているとは知りませんでした。

その字とは、「志゛」志に濁点。こんな字を見たことありますか？名物の名は、「志゛まんやき」。あの有名な富士アイスの「じまんやき」です。じまんやきって、「自慢焼き」だと思っていましたが、「志゛まんやき」なのですね。どうしてこの漢字になったのか調査に行ってきまし

た。富士アイス3代目の北川大さんにおうかがいしました。まず、じまん焼きという名前の由来は、「自慢の味。自慢したくなる味」という思いをこめてつけられたのだそうです。では、志に濁点をつけた「志"」という漢字を使っている理由は、「はっきりとはわかっていません」とのこと。はい、調査終了〜。と思ったそのとき、2代目登場！2代目の北川量三さんにもうかがうと、「はっきりしないけど、先代の奥さん、つまり私の母は"志ん"という名前だったので、名前から一文字をとってつけたのではないでしょうか」とのことでした。なんと、先代の妻への愛もこめられた食べ物だったのかもしれないのです！

　ちなみにじまん焼きは、あんこのほうがよく売れるそうです。でも、「白あんのじまん焼きを出しているお店もある」とのこと。えっ？富士アイスって上田以外にもあるのですか？じつは富士アイスは県内外にあるのです。山梨県の甲府が本店で、県内には岡谷や諏訪にもお店があるそうです。

　なぜ富士アイスという店名かもお聞きしました。創業当初は「ふじや」という名前でしたが、さまざまな業種に「ふじや」があったので、当時アイスキャンデーを売っていたこともあり「富士アイス」という名前にしたそうです。

　上田にお越しの際にはじまん焼きの「志"」の字を探してみてください。

〈調査隊員：斉藤美穂〉

木島平村はサシバの村らしいといううわさ。

サシバの村って、差し歯のこと？歯は大切なものだけど…どうやら違うサシバのようです。さっそく調査開始です。

報告書No. 088

2016年10月18日放送

　サシバの村？なんか想像がつかないけど、木島平村で調査開始です。

　その謎に詳しい木島平村農村交流館の荒井克人さんに教えていただきました。なんとサシバは歯のことではなく、木島平村に多く生息している貴重な鳥のこと。

　鷹の一種で大きさは、カラスぐらいでトビより小さい。なかなか私たちが見分けるのは難しいのかもしれないのですが、北信州におもに生息していて、夏鳥なので9月ぐらいまでは木島平に多くいるとのこと。写真を見せていただきましが、見た目は鷹に似ていて、頭部は灰褐色(かっしょく)。体の上面と胸のあたりは茶褐色。のどのあたりが白です。

　サシバは田んぼの多くある場所に生息していて、セミ、

バッタ、カエル、トカゲなどを捕って食べるそうです。そのため水田が減ってしまうと食べ物となる生き物が減る。水田があってもさまざまな要因でエサの生き物が減ると、サシバの数も減ってしまう。絶滅危惧種Ⅱ種に指定されているそうです。

環境のよい木島平村は、サシバの数少ない生息区域の1つになっているようです。木島平村はおいしいお米の産地ですからサシバにとってもパラダイスかもしれません。おいしいお米を作ろう、おいしいものを作ろうとすれば、それがサシバの保護につながる。なので木島平村は、サシバの村なんです。

木島平村ではサシバの観察をする楽しいイベントも開かれています。サシバの環境を観察してながら巣の近くまで行けるので、時期にはサシバの姿を見られるかもです。貴重なサシバとともにサシバのパラダイス木島平もしっかり楽しんでください。

〈調査隊員：竹井純子〉

松本市奈川地区の「とうじそば」はなぜできた?

奈川地区で食べられている独特の「とうじそば」。その由来には、あったかなエピソードがありました。

報告書No. 089

2016年10月26日放送

　とうじそばは、小分けにした冷たいおそばをとうじかごに入れて、具だくさんのアツアツのお出汁（だし）の鍋に入れてさっと温め、お椀に盛って汁と具も一緒にいただきます。

　奈川のおそばって、冷たいまま食べても十分においしいのに、なんでわざわざ手間のかかる食べ方をするのか？松本市ながわ観光協会会長の亘亘（わたりわたる）さんにうかがいました。「奈川地区では、昔はおそばが主食でした。でも、細長く切ったおそばは日常では食べなかった。だんごや、そばがき、お餅のようにして食べていたんです。そばを切るのは、お客さんが来たときだけのおもてなし用だったんです。お客さんが帰った翌日、残った切りそばを味噌汁に入れてみたら…うまい！これはいける！となって、それがとうじそばの始まり、とさ

れています」。『汁に投じる』で『とうじそば』。だから昔は、おつゆは味噌味だったんだそうです。

今のような形になったのも、ずいぶん前のことのようです。「家人がとうじかごでそばを温めて、お客さんのお椀によそっていくんです。食べ終わったころにはまた次と、わんこそば状態。おそばをたくさん食べてほしいから、汁でお腹がふくれないよう、かごは目が粗く汁がよく切れるものに。でも、汁にもこだわります。その季節に一番おいしいものを入れて、出汁もキジやカモ、かしわなど家によって違う味です」。まさに、おもてなしの心なんですね。

そばの打ち方、打ち手も、奈川は独特なんです。「お客さんを旦那さんが囲炉裏（いろり）に座ってもてなしている間に、奥さんやおばあちゃんが台所に入って、そばを打つんです。女性の力でできるだけ早く打つために熱いお湯でこねる。そして、床に広げて丸く伸ばすんです。だから奈川のおそばは、湯ごね、丸うち、女打ちと言われているんです」。今でも、女性が打つことが多く、名人も女性だそうです。

そばを主食にしていた奈川の人びとだから知っている、最高の食べ方でもてなしたい、という想いから生まれたとうじそば。だから、あったかくて、優しくて、ありがたい味、なんですね。

〈調査隊員：塚原正子〉

長野市松代町には美人の泉があるらしい？

そんな泉が本当にあったら、入ってみたいですよね。そのうわさのもとを突き止めてきましたので、皆さんも、ぜひ訪れてみてください。

報告書No. 090

2016年11月1日放送

本当に美人の泉はあるのでしょうか？まずは、松代町町歩きセンターへ行きました。でも観光パンフレットには美人の泉は載っていません。すぐお隣のNPO法人夢空間事務局長の三田今朝光さんにお聞きしてみました。「美人の泉ではなく、『お化粧の池』。この池のうわさがうわさをよび、美人の泉になったのでは」とのこと。いいですね、まさにうわさです。

松代町には美人の泉ではなく、お化粧の池

があるらしいのです。そのお化粧の池に詳しいNPO法人夢空間副理事長の小俣光弘さんに、お化粧の池とはいったいなんなのかを教えていただきました。「お化粧の池の由来は今から800年以上昔、時代は鎌倉。松代の東側にそびえたつ尼厳山頂に尼御前の治める山城があって、絶世の美女とうたわれる一人娘のお安姫がいたそうです。この池から湧き出る泉で毎日顔を洗い、お化粧した。しかもお姫様はこの泉を独占することなく、広く開放し続けた。そうしたところ、お姫様だけではなく、お付きの女性ともどもみんな美しくなったそうです」。そんな伝説が民話として残されていて、わかりやすく紙芝居にもなっています。松代の子どもたちの間ではよく知られる民話「お化粧の池」です。

　そうなると、この泉で顔洗ったらどうなるのか？気になりますよね。きれいになれるかも…しれない。美人とは、心の美人。美しさは内面から出るとわかっているのに、どうしてもお化粧の池に行きたくて小俣さんに連れていっていただきました。そこは現在もしっかりと管理され、水も湧き出ています。こっそり手をいれてみましたが、きれいになりたいと邪念のあるわたくしはどうやら本物の美人にはなれないようです。

〈調査隊員：竹井純子〉

泰阜中学校でおこなわれているめずらしい授業とは？

長野県内でも2校でしかおこなわれていないという授業。いったいどんな授業でしょうか？

報告書No. 091

2016年11月10日・17日放送

　平成24年度から全国の中学校で実施されるようになった「武道」の授業。柔道や剣道など、さまざまな武道がありますが、泰阜中学校と喬木中学校（喬木村）では県内で2校だけという、とてもめずらしい授業がおこなわれています。しかも全校生徒がそれのみに取り組むのは泰阜中学校だけで、全校生徒43名の小さな中学校の全生徒が2年生と3年生の2年間にわたって、この授業を受けます。その授業とは「弓道」。

　県内の中学校では、柔道45校、剣道148校、相撲3校、空手1校、弓道2校がおこなわれ、多くの学校で選択制になっているそう。弓道2校のうちの喬木中学校は選択制です。なぜ弓道が採用されたのか？そこには弓道のたしなみ

のある泰阜村の松島貞治村長の熱い思いがありました。自分たちが指導するからと当時の校長先生に懇願。その村長さんの熱意で泰阜中学校の弓道が始まりました。弓道には弓に加え、皮の手袋や胸当、矢などさまざまな道具が必要です。それも人数分ちゃんとそろっていて、全員が本格的に弓道に触れることができます。礼に始まり、矢を放つまでの作法もきちんと覚えていきます。村長の指導にも熱が入ります。この日はこれまでより的から離れての練習。真ん中に的中した生徒は充実感に満ちたいい顔をしていました。3年生になると体育館ではなく、役場の近くにある弓道場で本格的に矢を放つ授業をします。

 なぜ弓道を選んだ学校が、南信州の泰阜中学校と喬木中学校2校なんでしょうか？そこには歴史的に納得できる理由があったんです。遠州三河の文化の影響を受ける南信州では古くから弓道がさかんで、長野県一番の弓士の数を誇っているそうなんです。かつて弓道は、神仏に奉納するものだったそうで、それも南信州でさかんなことと関係あるようです。弓道の授業で生徒たちは、さまざまなことを学んだそうです。村長の「弓道は自分の弱さを知り、許すことから始まる」、人は弱いものだということを認めそこからスタートする、それが大事だという言葉が印象的でした。

〈調査隊員：西村容子〉

信州うわさの調査隊II

日本で初めて胡椒が食べられた場所は佐久?!

いまやどのお宅でも使っている胡椒。その胡椒に関するまさか〜というようなうわさですが、さっそく調査に行ってまいりました。

報告書No. 092

2016年11月21日放送

やって来たのは佐久市岩村田にある佐久ホテル。室町時代が創業という中山道岩村田宿にある老舗の宿です。歴史あるホテルで、2万点を超える歴史的文献が残っているそうです。

佐久ホテルの篠澤さんに大事な巻物を見せていただきました。小諸の殿様にお出しした料理の献立です。慶安元年（1648）10月19日の晩、小諸城主青山因幡守宗俊公に献上した記録なのだ

[190]

そう。達筆なのでよく読めませんが、「二　汁」のところに、確かに平仮名で「こせう（こしょう）」と書かれています！「胡椒」という文字が料理・食べ物として文献に出てくるのは、日本ではこの献立が一番古いそうです。だから「日本で初めて食べられた場所」ということなのです。

　さて、小諸のお殿様は胡椒をどのようにして召し上がられたのか？献立を見ると、「鱈（たら）の吸い物」となっています。鱈と白魚と岩茸（いわたけ）が入ったお吸い物に、小皿に別盛りになった胡椒をお好みで入れて召し上がられたようです。その時代、舶来品である胡椒を使うとはハイカラなお料理を献上されていたのですね。これより古い文献にも「胡椒」は出てきますが、その使い道は薬であったり、お香であったりと食べものではなかったそうです。

　じつは、佐久ホテルには胡椒以外にも「日本で初めての食べ物」があるそうです。それはなんと「サザエのつぼ焼き」！もちろん、文献として残っているのはということですが、車や飛行機もない時代に海から遠い佐久で食べられていたとは驚きです。小諸の殿様のお食事１回分の献立は数十品、そのうちのほとんどが海の料理なのだそうです。なんともぜいたく。

　調理人が作業するために書き残した物とはいえ、時代ごとになにがどのように食べられていたのかがわかる貴重な文献。篠澤家では「火事になったら、まず献立書物を井戸に投げ入れろ！」というくらいに大事に守り継いでいるそうです。胡椒のうわさから、想像もつかないような昔の食文化をうかがうことができました。　〈調査隊員：斉藤美穂〉

信州うわさの調査隊Ⅱ

長野市に県内初の「こうし」が誕生したらしい?

県内初の「こうし」ってなにかの講師のことでしょうか?さっそく、「こうし」に会いにいってきました。

報告書№.093

2016年11月22日放送

　その「こうし」がいるのが、長野市善光寺さん近くにあるお店。ここで県内初の「こうし」、高橋郁美さんにお会いしました。

　「こうし」とは、香りを司ると書いて「香司」。お香の調合師さんのことをそうよぶそうなんです。県内では初。香司の勉強をして資格を得て、長野市横町にお香専門店古薫を開業しました。趣のあるお店の建物は、もともと呉服店だったそうで、店内には、立派な梁があ

[192]

り、通りに面したお香の調合スペースのショウウィンドーなど、建物を生かした店内でとてもすてきです。

　髙橋さんは、お香を身近なものに感じていただきたい、お香を皆さんに手に取っていただきたいと、香司の資格を生かしてオリジナルの手作り品のみを店に置いているそうです。店内は香りを楽しむカフェのような雰囲気がありました。その場で作る体験もできるそうです。

　お香は、香りを嗅ぐとはいわず「聞く」というそうですが、この香司のお仕事、髙橋さんはもともと漢方の勉強をしたくて始めたそうです。漢方では、直接口にするだけではなく、香りとしても薬の成分を体に取り入れられるとわかって、そこからこの香司という資格の勉強をしたそうです。ただリラックスできるだけではない、お香との関わりを多くの方に知っていただきたいという思いがあるそうです。

〈調査隊員：竹井純子〉

フランスから称号を与えられた女性が松本市にいる！

フランスから栄誉ある称号「ギャルド・エ・ジュレ」を与えられたのは、チーズになみなみならぬ情熱を傾ける女性でした。

報告書No.094

2016年11月30日放送

　その女性は、松本市大手の『ジュレ・ブランシュ』という、おいしいチーズとワインを楽しませてくれる店のオーナーだと聞いて、会いにいってきました！

　その方は霜田早苗さん。霜田さんは、この30年ほどずっと、チーズ専門家として活動をし、お店を開いて11年になります。今回フランスから与えられた称号は、霜田さんのチーズ専門家としての活動が讃えられたもの。フランスにある2つの協会、ギルド・デ・アンテルナショナル・デ・フロマジェとコンフレリー・ド・サントギュゾンから、チーズの製造や流通などに実績がある人に贈られる、『ギャルド・エ・ジュレ』 という称号です。

　「とても光栄です。じつは長野県では私も含めて5人が

この称号を受けているんです。私以外は作り手の皆さんです。つまり、県内には本当に情熱を持って、レベルの高いチーズを作っている方々がいる、ということです。これからは、長野県のチーズをもっと盛り上げていきたいし、それをきっかけに長野県を元気にしていきたいです」とのこと。

　チーズを語る霜田さんの目があまりにキラキラ輝いていたので、思わずこんなことを聞きたくなりました。「霜田さんにとって、チーズとは？」「私は、チーズは人と人をつなげる手段だと思っています。チーズをおいしいと思ってくれることによって、それを作っている人はこういう人なんですよ、その地域はこんなところなんですよ、ということがわかってもらえる。さらに、そのおいしいチーズをその背景とともに多くの人と共有できる。その輪を広げていくことができたらうれしいな〜と思います」。

　30年チーズと関わって、深く学んできた霜田さん。まだまだ奥は深いんです、とおっしゃっていました。『ギャルド』として、これからも、チーズの魅力を、そして長野県の魅力を、もっともっと広めていきたい、とのこと。応援しています。

〈調査隊員：塚原正子〉

長野県の中心はどこにある?

長野県の中心はいろんな説がありますが、今回は土地のエキスパートが、地図上の長野県の真ん中を調査しました。

報告書№.095

2016年12月7日放送

　長野県の地図を切りぬいて、下から針をあてて支えたときに、地図がちょうど地面と水平になるポイント。それが、どこかというお話です。

　それを調べたのは、土地家屋調査士の方。まず土地家屋調査士はどんな仕事しているのか、公益社団法人長野県公共嘱託登記土地家屋調査士協会理事長の塩川豊さんにうかがいました。「不動産の登記には、大きく分けて2つあります。1つはどんなもの、もう1つは誰のもの。誰のものは司法書士さんがやります。私たち土地家屋調査士は、どんなものという登記をやります。場所、地番、そしてその土地の種類、面積などを調べるんです」。つまり、土地のエキスパートなんです。

　その土地のエキスパートが調べた長野県の真ん中。それはどこでしょう？連れていってもらいました。到着した場所は、塩尻市の高ボッチ高原。展望台まで、車で行けます。そこから400mほど歩いて登ると、高ボッチ山頂。

　GPSを使ってポイントを探していくと、長野県の中心は頂上からわずかに歩いた場所にありました。

　高ボッチ山頂からは、北アルプス、中央アルプス、南アルプス、妙高山から御嶽山、さらには富士山までぐるりと見渡せて、眼下に諏訪湖を望む絶景。夏になると可憐な高山植物が咲き誇ります。まさに大自然のド真ん中に、長野県の中心ポイントがあったんです。

　「せっかくですので、ここに碑を建てて多くの方に来て、知っていただけるようにしていこう、そういう活動を土地家屋調査士協会で進めていきたいと思っています。平成29年ぐらいには、お披露目できるようにがんばります！」と塩川さん。楽しみです！　　　　　〈調査隊員：塚原正子〉

信州最高齢シンガーソングライターが長野市に？

長野市中条の地元ではかなりの有名人。それは歌うことが大好きな最高の最高齢シンガーソングライターでした。

報告書№. 096

2016年12月13日放送

さっそく、長野市中条の地元の皆さんに、すごいシンガーソングライターについて聞いてみました。「このあたりでは、かなり有名人。演歌歌手」「美男子？おじいちゃん！サイン持っている」とのこと。中条ではかなりの有名人のようで、このあたりで知らない人はいないそうです。

その現役最高齢のシンガーソングライターのお名前は中条重(かさね)さん。満84歳。もう少し詳しく聞いてみると、なんと今までに15～16曲作っているとのこと。平成12年、68歳のときに遅咲きの演歌歌手としてキングレコードからCDデビュー。

それから、グルメシンガーソングライターとして中条のおいしいものを歌にしているとのこと。中条のぶっこ

み、おやきも歌にしちゃったそうです。

さらに最近作った新曲が「やまんばルンバ」。長野市中条の虫倉山に伝わるやまんば伝説をルンバにしちゃったとのこと。やまんばだからルンバ。楽しい歌です。地元の子どもたちも参加して最近中条では話題の曲らしい。

同時発売の「活き生き音頭」は100歳目指して元気に歌っていきたいとの思いが込められた歌になっています。

そんな重さんにもつらい時代があったのです。でも、あきらめずに歌い続けて今がある。華やかな歌手ではなく、庶民に愛される歌手。重さんの表現では「駄菓子」のような歌手になりたいそうです。安くても楽しいおいしい駄菓子です。

重さんは「活き生き音頭」を100歳まで歌い続けていきたいそうです。最高の最高齢シンガーソングライターでした。

〈調査隊員：竹井純子〉

旧中野小学校に33年ふりに帰ってきたものとは？

いまは中野市の一本木公園に移築されている旧中野小学校の校舎に、33年ぶりに展示されることになったものとはなんでしょうか？

報告書No.097

2016年12月13日放送

　中野市の中野小学校に33年間大切に置かれていたものが、旧中野小学校校舎に戻ってきました。

　それは旧中野小学校の校舎の模型。でもこれ、ただの模型ではないんです。この模型を作った昭和58年3月卒業の皆さんに教えていただきました。1・2年生のころに過ごした旧校舎を6年生の卒業のときに測量をして、正確な模型にしたということです。さらには、その中に思い出の品をつめこみタイムカプセルにもしたそうです。

　今回できるだけ多くの皆さんに見てもらえたらと、中野市役所の快諾をいただき、思い出の校舎に模型・タイムカプセルが展示できることになったそうです。

　この模型を作ることになった経緯を担任だった田中典男

先生にお聞きしました。旧中野小学校の校舎は歴史的にも貴重な明治中期の洋風建築でしたが、その校舎のほとんどは解体されてしまいました。その様子を見ていた当時の子どもたちの思いを算数の授業に生かし、55分の2にして模型を作ったそうです。55という数字にも意味があって、5年5組。発表の年も55年。55の数字に運命を感じたそうです。55分の2にすると模型の校舎の横の長さは1mちょうどになりました。完成までは3日間。瓦も一枚一枚作って張っていきましたが、短期間で作ったそうです。

　さらに模型をタイムカプセルにしちゃいました。模型校舎の窓には当時の皆さんの写真が見えて、自分の写真を探すことができます。ご自身のお子さんがお父さんお母さんをみつけることもできますよね。親子の会話が広がるタイムカプセルです。

　旧校舎の中に校舎の模型さらに中に思い出の品々。まさに思い出のマトリョーシカみたい！

〈調査隊員：竹井純子〉

松本市の創造学園高校のめずらしい部活とは?

運動部で有名な創造学園ですが、運動部以外にも夢を目指してがんばっている全国でもめずらしい部活があるんです!

報告書No. 098

2016年12月21日放送

　松本市にある創造学園高校は、普通科のほかにマンガ・アニメ科、Webクリエイター科、環境福祉科などがあり、特色ある教育をおこなっています。さっそく学校にうかがいました。あれ、生徒さんたちがマイクの前でなにかやっていますねぇ。彼らの視線の先にはスクリーンがあって、アニメを映し出しています。いったいなにをやっているのでしょうか?全国でもめずらしい部活、じつは声優部なんです! 現在は3年生が引退しているので部員数は16名。週に3回練習をしています。

　部員の生徒さんにお話をうかがってみると、「声優部があるから創造学園高校を受験しました。プロを目指して頑張っています!」という方がほとんどです。そしてなんと

全国の中高生や海外の若者が参加する国際声優コンテスト「声優魂」に、創造学園声優部は3年連続で決勝進出者を輩出しているんです！平成28年も、

2000人あまりが参加する中、3年生の内川直起さんが決勝に進み、見事に入賞したんです。すごいでしょ？

でも内川さんは、「優勝をねらっていましたから、正直悔しいです。しかし、とてもいい経験になりました。これからは専門学校へ進み、プロを目指します」とのこと。レベルが高いんです。ねらっているところが違うんです！じつは内川さんは、最初から声優を目指していたわけではなく、イラストレーター志望でマンガ・アニメ科に入学。部活でちょっと体験してみようと声優部に入ったら、その魅力にとりつかれてしまったのだそう。声優にはどんな魅力があるの？とみんなに聞いてみたら、「違う自分になれること。みんなで本気で1つの作品を作りあげていくこと。練習は厳しいけど、やはり楽しいんです！大好きなんです！」。

大好きで、楽しくて…、だから練習もがんばることができるし、レベルがどんどん上がっていくのでしょうね。ここから、プロの声優が生まれる日も、きっともうすぐ。夢を目指してがんばってください！

〈調査員：塚原正子〉

信州うわさの調査隊 II
根羽村役場の門松はちょっと変わっているらしい!?

お正月に立てられる正月飾りの門松。根羽村の門松は、地域の特色を反映した思いのこもった門松でした。

報告書No. 099

2017年1月5日放送

根羽村役場の門松は、一見すると普通の門松と変わらないように見えるんです。でも近くに行くと、なにかが違う…。いったいなにが違うのか?根羽村総務課長の鈴木秀和さんに教えていただきました。すると、わかりました!普通は竹の部分が、根羽村役場の門松では杉でできているんです。その名も「門杉」。

じつは、門杉は30年も前から作られていて、今では年末のニュースとして取り上げられる季節の風物詩にもなっているんです。

でも、なぜ竹ではなく、杉なんでしょうか？副村長の藤城富一さんにお話をうかがいました。「根羽村は村民全員が山を持っているんです。だから、たとえば子どもの進学などでお金が必要になれば、その山の木を切ってお金にするなど山の恩恵を常に受けて生活しています。その感謝とさらなる繁栄を祈念して、竹ではなく杉を使うようになったんです」。

　でも竹の雰囲気を、杉で出すのはかなりたいへんらしく、まっすぐな杉を山で選んで、職員自ら切り出してと、すべて職員の手作業で作られるんです。その中でも一番苦労するのが、斜めに切った「そぎ」。3本の杉をそろえて斜めに切った面が凸凹にならないようにスパンと切れた竹のように見せるのが大切。それと同じくらい目をひくのが、立派な太いしめ縄。そのしめ縄も、ワラをなうのは一度に5、6人がかりでないとできないそうです。初めてこの門松作りに参加したという方にお話をお聞きしたところ、「握力がなくなると言われたけど、そのとおりでした。でも、手の力がなくなっても作り終わったときの感動があり、今でも朝、門松を見るとうれしくなります」と話してくれました。

　この門杉作りは、村の職員の皆さんにとっては、1年の締めくくりと来年への期待がこもった大切な行事なんだそうです。これに取り組むことで、気持ちが1つになる。そして、しめ縄などの技術の継承にも大きな役割を担っているそうです。根羽村の変わった門松は、村職員の森への感謝を杉に託した、とっても温かい門杉のことでした。

〈調査員：西村容子〉

うわさの調査隊がきっかけで白い人参が!?

人参といえばオレンジ色が当たり前。ところが、うわさの調査隊がきっかけで、白い人参ができちゃったらしいのです!?

報告書No.100

2016年12月8日放送

　白い人参が採れるようになった！そんな連絡をくださったのは、小野子人参クラブ会長の長沼善朗さん。小野子人参は、飯田市上久堅小野子地区で昭和30年くらいまでさかんに作られていた長人参。当時はそのあざやかなオレンジ色と香り高く強い甘味で、南信州でも名の知れた人参だったそうです。でも収穫に手がかかり、専業農家の減少とともに作られなくなり、忘れ去られようとしていたそうです。しかし、有志の皆さんによって平成17年に小野子人参クラブが結成され、小野子人参が復活したというわけなんです。

　そんな小野子人参ですが、白い人参が誕生するきっかけを作ったのが、この調査隊の取材だったと言うんです。2年前、小野子人参の取材をしたことがありました。毎年かならず広

〜い畑から白い人参が2、3本は出ていたんですが、それは捨てていた。それが取材で「すごい！めずらしい！」と喜んだことで、種の栽培が始まり、種をまいた2畝全部から白い人参が採れたそうです。白い人参から種を取り、その種をまいて白い人参が採れるようになるには5〜10年かかると言われていたのに、たった2年で全部が白い人参になるなんてすごいことなんです。

　白くなる理由は2つ考えられます。1つは突然変異。オレンジ色を作るカロテンという色素成分が作れなくなってしまったために起こる。2つ目は、「先祖返り」といって、人参の先祖はもともと白や紫や黄色いものがあり、100万本に1本ほどの確率で、先祖の色を出すことがあるそうです。雑種の場合は、その可能性をもっているんだそうです。でも、それが毎年何本か出るというのはめずらしく、もしかしたらもっと違う理由があるのかも？ということでした。気になるのは味。白い人参の味はどうなんでしょうか？それが赤い人参と同じで、とっても甘〜〜〜い！

　2年前の番組で久保さんと「この番組で白い人参ができましたって放送できるといいね！」「でも、2人ともいくつになってる？」なんて話していたんですが、おばあさんになる前にちゃんと放送ができました。　〈調査員：西村容子〉

協力者（敬称略・50音順）

お香の店　古薫
下諏訪観光協会
須坂新聞社
諏訪大社
善光寺
田中一樹
ニッコールクラブ南信州　片桐勇
深志同窓会
まつもと城町市民コンシェルジュ
松本城管理事務所
松本市ながわ観光協会
龍光山観音院

調査隊員紹介

根本 豊（元東信担当）

寺山修司の演劇実験室「天井桟敷」に所属していた演劇人。福島出身で標準語のアクセントがいまだに身につかない。無類の酒好き。

斉藤美穂（東信担当）

生まれも育ちも上田市。辛いもの、酸っぱいものが大好き。パクチーの自家栽培を試みているが、毎年うまくいかない。

竹井 純子（北信担当）

ＳＢＣのラジオカーレポーターを経て、調査隊員に。中野市在住、豪快な笑い方が特徴。愛用の手提げバッグのデザインが下品と評判。

塚原 正子（中信担当）

ロック好き。電話するとだいたいエレベーターに乗っている。謎多き女性。松本市出身。中学・高校のあだ名は「かっぺ」。

西村 容子（南信担当）

元民放テレビ局のアナウンサー。４人の子どもを育てながら、おもしろいネタがないかとアンテナを張りめぐらしている。モットーは伊那谷の温かい空気にのせて、いやしの時間を届けること。飯田市出身。

土橋佳子（諏訪担当）

ローリング・ストーンズとＫＡＴ－ＴＵＮを愛するロック大好き人間。本業は？と聞かれると悩む、孫２人のおばあちゃん。

信州うわさの調査隊
SBCラジオ「情報わんさかGO！GO！ワイド らじ★カン」（平日午後2時5分から6時15分）内の人気コーナー。県内各地の気になるうわさを北信・東信・中信・南信担当の日替わり調査隊員が徹底取材し、コトの真相を報告。これを聞けばあなたも信州通！

信州うわさの調査隊Ⅱ

2017年2月19日　初版発行

著　者　SBCラジオ
発行者　林　佳孝　　発行所　株式会社しなのき書房
〒381-2206 長野県長野市青木島町綱島490-1
TEL026-284-7007　FAX026-284-7779

印刷・製本／大日本法令印刷株式会社

※本書の無断転載を禁じます。本書のコピー、スキャン、デジタル化などの無断複製は著作権法上での例外を除き禁じられています。
※落丁本、乱丁本はお手数ですが、弊社までお送りください。送料弊社負担にてお取り替えします。

ⓒ SBC 2017 Printed in Japan　　　　　ISBN 978-4-903002-54-5